아픈 청춘이 희망이다

아픈 청춘이
희망이다

지은이 이찬석

목차

서문

지금은 아픈 당신

벼랑 끝에서 벗어나기 위해
발버둥 치는 당신

지금의 상처와 좌절은
훗날 아늑한 추억이 되리.

지금은 힘이 든 당신

기회는 사라지고
절망의 종소리를 들으며
새벽잠을 설치는 날이 많을지라도

당신 스스로 일어서기 위해
노력하고 도전하는 일을 멈추지 않으면

돌아서고 나면 아름다운 추억이 되리
지나간 모든 시간이 유익한 스승이 되리.

원망을 키우지 않고
책임을 전가하지 않고
긍정적인 마음의 준비가
성공의 마을로 그대를 인도하리.

인생의 거울이 그리 말을 내게 해 주었다네.

고민하고 지새운 날들이
더욱 빛나는 아침이었다는 사실을
알고 있는 청춘은 크게 빛나리.

힘겨울 때 희망의 연가를 지피는 사람들에게 생은 아름다운 여행이 됩니다. 《아픈 청춘이 희망이다》는 당신이 선택해야 하는 긍정의 신호입니다. 부정적인 신호가 아닌 긍정의 신호만이 그대의 발걸음을 더욱 당차게 하고 힘이 솟아나게 할 것입니다.

남겨진 시간이 많은 것은 아직 그대에게 돌아갈 기회의 몫이 더 많다는 증거입니다. 아직 젊다는 것은 당신이 희망 가운데 놓여 있다는 사실의 선언입니다.

부지런한 사람은 일을 사랑하기를 제 몸을 돌보는 것보다 더 돌보며 밤하늘의 별보다 먼저 일어나 자신의 꿈을 부챗살처럼 세상에 펼쳐 놓습니다. 노을이 지던 곳으로부터 다시 태양이 떠오르듯이 고난의 시간 안에서 멈추지 않고 희망을 품어 냅니다.

두 손에 쥐어진 결과가 작을 때는 자신의 노력이 부족하다고 여길 뿐 세상을 원망하지는 않습니다. 불모지에 이삭을 심고, 들판에 화원을 꾸미며, 모두가 안 된다고 여기는 일에 거뜬히 팔을 걷어붙이고 발을 내딛습니다.

그는 무지개를 찾아 길을 나서기보다는 무지개를 만들어 가며 길을 재촉합니다. 실패를 멀리하되 그 실패를 두려워하지 않고 성공하기 위해 달려가되 성공에 안주하지 않습니다. 시간을 아까워하나 그 시간이 흐른 것을 알지 못하면서 일을 하고 잠든 꿈속에서조차 일을 찾아 여행을 떠납니다.

부지런한 사람은 낮과 밤을 구분하지 않고 깨어 있기를 즐거워하고 오늘 해야 할 일과 내일 해야 할 일을 구분해서 준비합니다. 그는 달려가지 않고 멈추어 서는 것을 부끄러워하며 때를 기다리지 않고 스스로 때를 만들어 도달합니다.

부지런한 사람의 발걸음은 빠르고 긍정적인 생각을 찾아 바삐 움직입니다. 용기를 북돋아 줄 누군가를 원하고, 누군가에게 위로를 받고 싶어 하는 요즘 젊은이들의 불안한 시대상을 알고 있으면서 책의 제목을 《아픈 청춘이 희망이다》라고 제목을 정한 것은 젊은이에게 좀 더 희망을 갖고 살아 내라는 격려의 메시지를 담고 싶었기 때문입니다.

청춘은 다가오는 미래 속에 감추어진 좌절과 시련을 이겨내기 위해서는 현재의 삶 속에서 조금은 아프고 절망적인 상황이 닥쳤다고 해도 자신의

아픈 청춘이 ─────

성장을 위해서는 반드시 부정적인 것은 아니라는 생각도 작용하였습니다.

그대는 조금은 흔들리고 아파야 합니다. 그것은 미래의 삶이 지금보다 나아지게 하는 원동력이 되어 주기 때문입니다.

흔들리는 들판에 더 많은 꽃이 자라나고 있음을 보게 됩니다. 성공한 사람들이 자신을 일으켜 세운 것은 고난의 여행이었다는 말을 하고 있습니다. 고난은 위대한 수업입니다. 지금 그대에게 불어 닥친 고난의 바람은 훗날 반드시 더위를 시키는 시원한 바람으로 다시 태어날 것이 분명합니다.

위기 속을 걸어가는 그대여! 그 속에서 넘어져 일어나지 않는 사람이기 보다는 위기 속을 관통하면서 그러한 위기를 치유하고 넘어서는 당당하고 명석한 청년이 되었으면 하는 바람을 가져 봅니다.

한때의 영광보다 한때의 시련이 삶을 바르게 달려가는 나침판 같은 친구가 되어 줍니다. 여러분은 지금 많이 지쳐 있습니다. 무거운 짐을 대신 짊어 주지는 못하면서 자꾸 앞으로 나아가라고 채근하는 듯한 글을 바치게 되어 죄송한 마음이 적지 않습니다.

청춘은 위대하며 그 시간은 영광의 찬가와 같습니다. 아무쪼록 여러분에게 닥친 위기가 여러분의 진정한 스승이 될 때까지 주어진 조건 속에서 최선을 다해 미래의 어느 시간 속에서 성공한 사람들이 살아가는 특별한 마을에서 다시 만나 뵙게 되기를 기대해 봅니다.

2022년 1월 10일

저자 **이찬석**

한 발자국 더

　그대는 삶을 살아오면서 지금 서 있는 곳에 당도하는 순간까지 적지 않은 실패를 했을 것입니다. 확신에 차서 시도한 일들이 모두 성공을 하는 것은 아니라서 우리는 예기치 않은 실패와 마주해야 합니다. 삶의 지형은 한눈에 가늠할 수 있는 들판이나 훤히 들여다볼 수 있는 하늘이 아니라 어둠이 깔린 구불구불한 협곡에 가깝습니다. 깊은 계곡은 음산하고 시련과 위기라는 복병이 도사리고 있습니다. 발을 헛디뎌 넘어지는 것은 다반사이고 견디기 힘든 아픈 일들도 적지 않습니다.

　새로운 길은 설렘을 주면서 동시에 위험을 동반하고 있습니다. 미지의 세계가 우리에게 위기와 맞서게 할지라도 인생은 멈추지 않는 항해입니다. 당신은 실패하고 나서 "이까짓 것쯤이야!"라고 대수롭지 않게 여기고 다시 일어나 한창 달려가고 있을 수도 있고, 매우 오랫동안 잔뜩 두려움에 사로잡혀 아무 일을 하지 않고 시간을 낭비하고 있는 사람일 수 있습니다.

　나는 그대에게 이런 말을 들려주고 싶습니다. 그대가 한번 실패했다고 해서 쉽게 그만두는 것은, 두 번 실패하는 것과 같다는 사실을 깨닫고 살아가는 사람이기를 여망합니다. 실패 이후 자신감을 상실하고 벼랑 끝에

몰린 기분이 들어도 좀 더 힘을 내서 두 번, 세 번 될 때까지 밀어붙여 보세요. 부딪혀야 교훈이라도 얻습니다. 시도해서 얻는 경험은 모두가 값진 교훈으로 남아둡니다.

설령, 넘어져서 상처를 입었을지라도 한 걸음 덜 내딛는 것이 아니라 한 발자국 더 앞으로 나아가겠다는 각오를 세우고 길을 가기를 바랍니다. 실패도 노력하는 자만이 얻을 수 있는 소중한 열매입니다. 두 번 실패 또한 우리가 필요로 하는 스승입니다.

인생의 중반부에 도달해 보니 나는 할 수 있다는 신념을 가진 사람은 미래 속에서 주인이 될 수 있지만, 나는 할 수 없다는 체념을 가진 사람은 앞으로 미래 속에서 노예밖에는 되지 않는다는 교훈을 얻게 되었습니다. 풍족한 조건이 미래를 확신의 마당으로 이끌어가기보다는 할 수 있다는 신념이 무슨 일이건 해낼 수 있도록 자신을 이끌어 간다는 사실을 깨닫게 되었습니다. 스스로 삶을 이끌어가는 건 자신에게 주는 긍정적인 신호입니다.

발걸음이 지쳐 있을 지라도 한 걸음만 더 옮겨 보세요. 걸음을 옮겨 놓는 크기만큼 당신은 성장하고 시야는 넓어집니다.

개구리가 되지는 맙시다

어제 쌓인 피로를 다 풀지 못하고, 다시 바쁘게 아침을 열어 가는 그대여! 할 수 있다는 생각을 세상에 풀어놓고 살아가세요. 그리고 미래의 주인이 되는 꿈을 꾸어 보세요. 멈추지 않고 시간의 강을 건너는 활력 넘치는 사공이 되어 보세요. 미래의 주인이 되기 위해, 그대가 오늘 바쳐야 하는 것은 이처럼 자신에게 바치는 긍정적인 신호입니다.

앞길이 구만리라서 힘을 내라는 것이 아닙니다. 시대의 아픔과 좌절은 어른에게만 있지를 않습니다. 모든 사람에게는 위기가 있고 시련이 있습니다. 위기는 성공의 길목에 놓여 있는 다리와 같습니다. 누구든지 이러한 다리를 피해 가지는 못합니다. 우물 속의 개구리가 불행한 것은 우물 속에 살고 있기 때문이 아니라, 좀처럼 우물 바깥으로 나올 수가 없기 때문입니다.

현재의 삶이 흔들리고 가파른 곳을 배회한다면 환경을 논하거나 운명의 책임으로 돌리지 말고 지금 그대의 생각이 미래 사회와 거리가 있는 지식의 공간에 갇혀 지내고 있는 것은 아닌지, 한 번쯤 돌아볼 필요가 있습니다. 그대는 지금 긍정적인 생각의 밭을 거닐기보다 부정적인 거리를 찾아 걷고 있는지도 모릅니다. 그러나 잠시 방황을 하는 것이 부정적인 생각을 갖고 살아가는 것보다 자신에게 유익을 안겨 준다고 생각합니다.

부정적인 생각이 굳어지면 평생 많은 기회가 다가올지라도 성공하기는 쉽지 않습니다. 기회를 위기로 만들어 버리는 것은 언제나 우리 내면에 있는 부정적인 생각입니다. 삶을 아름답게 만들어 가는 것, 의미 있는 경험을 많이 하는 것, 중단 없이 시도하며 살아가게 하는 것, 오늘보다 내일이 희망이 아니라 오늘 내게 주어진 조건을 개선하며 긍정적인 활동성을 높여 나가는 자세가 바로 희망입니다.

부정적인 생각의 늪

언제나 부정적인 생각으로 제자리를 맴도는 상황에 놓여 있다면 또 다른 세상의 문을 열고 밖으로 걸어 나오시길 바랍니다.

세상은 참으로 넓고 할 일은 넘쳐나는데, 자기 생각의 틀 속에 갇혀 현실 개선에 어려움을 겪고 있을 수 있습니다. 세상의 성공은 다른 조건에 있다기보다 바로 자기 생각에서 출발합니다. 넓은 세상을 열어 간다는 건 자기 생각을 넓게 바라보는 시각을 연마하는 것입니다.

그대와 나는 부정적인 생각의 반복 학습에서 벗어나야 합니다. 생각과 달리, 우물 속에 갇힌 사람들이 너무나 많습니다. 뛰어나오면 밖입니다. 바다 깊은 곳에 사는 진주를 찾아내 값지게 사용하는데, 하물며 부지런히 갈고닦는 사람을 찾아 크게 쓰지 않겠습니까?

환한 빛이 나도록 가지고 있는 재능을 갈고닦아 보세요.
누군가가 나를 찾을 기미가 보이지 않더라도 계속해서 빛을 내다 보면, 언젠가는 자신을 알아봐 주는 귀인을 만나게 됩니다.
등대를 찾아오는 배를 생각해 보세요.

열심히 준비한 그대의 재능은 절대 땅에 갇히지 않습니다. 누군가는 그대의 재능을 발견하고 말을 걸어올 것입니다. 찾아서 귀히 사용할 것입니다. 부정적인 생각은 자신을 성장시키는 데 아무런 도움이 되지를 않습니다.

죄의 기준

세상 살면서 죄 안 짓는 사람이 없을 거예요. 저도 예외는 아닙니다.

좀 더 잘 해 보려다 죄를 짓는 사람에서부터 아예 작정하고 죄를 짓는 사람들까지 참 많은 사람이 죄와 가까이 지내고 있습니다. 그래서 법이 있는 것이고 또, 윤리와 도덕이 있는 것인데 사람 자체가 불안전한 인간이라 죄 한번 짓고 살지 않을 것 같은 수도자들도 죄를 짓고 살아갑니다. 그런 점에서 인간은 참으로 고독한 존재이지요. 풀을 뜯어 먹고 사는 짐승이 아닌 다음에야 인간은 죄와 벌의 경계선에서 존재하며 살아갑니다. 세상을 나가 하루를 사는데도 유혹에 빠질 일은 다반사입니다.

죄를 짓는 건 그렇다 해도 이때 필요한 것이 진정한 반성인 듯합니다. 지은 죄를 뉘우치고, 회개하면서 죄와 거리를 두고 살아갈 수 있는 단단한 좌표를 세워 가야 하지요. 자기가 지은 죄를 반성하지 않으면, 죄는 자신의 곁을 떠나지 않고 머물다가, 더 큰 죄를 짓도록 부추기는 나쁜 친구가 됩니다.

그런데 죄를 짓는 사람들이 반성한다는 게 쉽지 않습니다. 그보다는 자기합리화를 먼저 내세우고, 자신을 위로하는 습관에 빠지는 경우가 허다

합니다. 죄를 짓고 나면 자기합리화를 하기보다는 자신의 행동이 잘못되었음을 깊이 돌아볼 줄 알아야 죄를 두 번 반복하는 위험에서 벗어날 수 있습니다. 반성할 때 손해를 본 적이 있다는 사람은 아직까지 지구상에 없다고 봅니다.

순간의 실수로 죄인이 되었을지라도 악인이 되어서는 안 됩니다. 죄인과 악인의 차이점은 무엇일까요? 죄인은 지은 죄를 참회하는 사람이고, 악인은 그 자신이 지은 죄를 참회하지 않은 사람입니다. 참회하는 순간 죄는 없어집니다. 같은 죄를 반복하고 살아가는 것은 죄를 짓고 나서 참회를 하지 않기 때문입니다. 참회하지 않는 죄는 소멸되지 않고 그 자신과 오래도록 함께합니다.

세상에는 죄인보다 악인이 더 많습니다. 이런 세상이 된 것은 죄를 짓는 사람들이 참회하는 데 게으르거나 하지 않기 때문입니다. 스스로 참회하지 않는 형벌은 아무런 의미가 없습니다. 자신이 지은 죄의 진정한 형벌은 진정한 참회입니다.

나는 대체로 지은 죄를 참회하는 사람에 속하지만 반복하는 인생을 살아온 듯합니다. 나의 불안정성을 바라보면서 눈물을 지을 때가 많이 있었습니다. 아직 성숙하지 않고 부족함투성이입니다. 내게 희망이 남아 있는 것은 그럴 때마다 후회하고, 참회한다는 사실입니다. 실수하지 않기 위해 많은 고심도 하고 헤아리는 시간을 자주 갖곤 하는데, 인간의 불안한 특성으로부터 종종 구속된 자신을 발견하게 되어 길을 내딛는 삶의 길이 휘청거리는 것을 느끼게 됩니다.

그대가 덜 불안전하고 시기와 때를 잘 찾아 먹이를 찾아 나서는 훌륭한 사람이 되기 위해서는 자신의 모습을 비추는 두 개의 거울이 필요합니다. 하나는 육신을 비추는 거울이요, 또 하나는 자신의 내면을 비추는 거울입니다. 인생은 자신을 들여다보는 훈련이 쌓이면서, 어느 순간 온전히 안정된 삶을 살아갈 수 있습니다. 자신을 돌아보지 않는 인생은 다가오는 삶을 어수선하게 합니다. 혹시 당신의 내면이 부정적인 생각들로 때가 끼어 있지는 않은지요?

이별을 바라보는 시각

이별은 견디기 힘든 고통이 분명하나, 또 다른 만남의 기회가 주어진다는 점에서 비극적인 것만은 아닙니다. 지독한 이별 앞에서 웃는 사람은 없지요. 울고 또 우는 상황에 직면하는 건 너무나 당연한 일입니다. 그러나 그러한 눈물은 새로운 시작의 종소리를 만들어 내는 과정이 되어야 합니다.

돈과 사랑은 구름처럼 떠다닙니다. 어디를 가나 있는 게 돈과 사랑입니다. 사랑에 관한 한 마침표는 없습니다. 다른 사람이 차표를 끊고 자신의 운명을 방문하기를 기다리는 사람이 세상에는 넘쳐납니다. 그 사람이 지금보다 더 멋진 사람일 수 있습니다. 무엇을 망설이세요. 어서 차표를 끊고 새로운 인연을 찾아 나서세요. 그대의 새로운 사랑은 더욱더 멋질 것입니다.

희망과 절망의 차이

두려운 마법의 주문같이 몸살을 앓게 하는 절망적인 상황은 우리 자신들을 힘들게 추락시키지만, 다른 한편 희망을 빛나게 하는 가치가 있습니다. '어떻게 절망을 사랑하라는 거야. 내게는 그럴 만한 힘이 없고, 세상의 이치와 맞지 않는 상반된 견해가 아닌가!' 그렇게 생각할 수 있습니다.

그런데 그대가 매우 희망적인 상태로 진입을 하는 순간 삶의 위기도 함께 벗해 있다는 사실을 알아야 합니다. 그대와 내가 절망을 사랑할 수 있는 하나의 요인입니다. 절망은 희망을 거느리고 사는 식구입니다. 일종의 하인이지요!. 마구 부려 먹으면서 희망의 가치를 빛나도록 일을 시키세요. 그러니 절망적인 상황에서 기죽을 필요 없습니다.

스스로 절망하지 않는다면 이 세상에 싸워서 이기지 못할 절망은 존재하지 않습니다. 주어진 조건은 그리 절망적이지 않은데 생각부터 절망적인 사람들이 의외로 많습니다. 이런 사람에게는 힘센 절망이 자주 찾아와 시비를 붙고 또 나가지 않습니다. 돌아오지 않는 여행을 떠날 기회는 있지 않습니다. 체급이 다른 절망 또한 있지 않습니다. 스스로 절망하지 않는 한 모든 절망은 싸워 볼 만한 상대입니다.

설정해 놓은 목표에 도달하지 못한 것이 실패가 아니라 도달할 수 없다고 생각하는 것이 바로 실패입니다. 그대는 무슨 일이건, 어느 순간에 놓여 있건, "안 돼!"라고 소리치는 사람이 아니기를 바랍니다. 안 되었을 때도 "된다!"라고 말하는 사람이 정말 됩니다. 이런 배짱 없이 인생을 살아간다고요? 과정이 중요합니다! 다 익지 않은 밥이라고 밥이 아닌 것은 아닙니다. 덜 익었어도 밥은 밥입니다. 얻은 결과가 작아도 그대의 수고가 최선을 다한 것이었다면, 실패한 것이 아닙니다.

실패의 유형에는 두 가지의 종류가 있습니다. 하나는 무슨 일이든 부딪쳐 보고 실패하는 사람이고, 또 하나는 처음부터 아무것도 하지 않고 실패하는 사람입니다. 미리 겁을 먹고 아무런 일도 하지 못하는 사람은 결국에는 아무런 일도 하지 못하는 무능한 사람으로 전락하고 맙니다.

우리 마음속의 실패가 모든 일의 실패를 만들어 냅니다. 무슨 일을 하기도 전에 자신감을 상실한 채 낙담하는 사람들이 적지 않습니다. 일을 추진하는 과정에서도 이와 같은 생각은 더 커져서 나는 할 수 없다는 부정적인 생각으로 재생산됩니다. 정신에 해이해지는 과정에서 서서히 실패가 현실 속에서 윤곽을 드러내기 시작합니다. 마음이 긍정적으로 준비가 되어 있지 않은데 현실에서 실패가 발생하지 않을 수 없습니다.

마음의 거울이 실패의 거울이 되어가는 과정은 이러합니다. 마음 작용은 이토록 중요합니다. 달리기 선수가 뛰겠다는 결심을 하지 않으면 절대로 좋은 성적을 낼 수 없습니다. 실패는 우리 자신 속에 존재하는 두려움을 먹고 자랍니다. 실패라는 관문을 거치지 않은 자에게 성공은 자신의 전부를 내어주지 않습니다.

같은 조건에서

똑같은 조건과 시간 속에서
먹이를 더 많이 줍는 자가 있습니다.
그것이 바로 기술이고 혁명입니다.

어떻게 더 많이 줍는가를 고민하고,
방법을 연구하고 새로운 시도를 하는
당신은 진정한 혁명가입니다.

같은 조건 속에서
더 많이 먹이를 찾는 방법은
치열하게 구하는 것뿐입니다.

미련을 거두고

아무리 사랑을 했어도
한번 떠난 인연을 돌리려 하지 마세요.
지독한 아픔을 끌어안고
무거운 슬픔의 등짐을 지게 되어도
연연하면 안 됩니다.

그것은 이미 나무줄기에서 떨어진 낙엽과 같습니다.
결심 없이 이별의 길을 나서는 사람은 없습니다.
붙잡는다고 다시 돌아오지 않습니다.

만약 다시 돌아온다고 해도
이미 그 사람은 자신의 사람이 되기 어려우며,
곁에서 오래도록 둥지를 틀기란 쉽지 않습니다.

효는 존재의 정의

부모와 어른을 공경하며 예와 친절을 다하는 것은
결국, 미래의 자신에게 잘하는 길이 됩니다.
모든 인간은 노인이 되기 때문입니다.

지금의 모든 노인이 그대가 가지고 있는
청춘을 가지고 있었습니다.

당시에는 노인들에게 나는 늙지 않을 거라며
참 추하다고 비아냥거리기도 했습니다.
그리고 지금 노인이 되어 있습니다.

그대 역시 언젠가 부모가 되고 노인이 됩니다.
그러하니 부모를 대하는 자세를 바꾸어 보세요.
그대가 효도함으로써 부모와 그대가
행복할 기회를 찾게 됩니다.

또한, 그대를 닮은 훌륭한 자식을 거느리게 될 것입니다.

주장

자기 자신의 주장을 너무 강하게 한다면,
그것은 상대방의 입을 틀어막는 행위와 같습니다.

조용한 말은 사나운 짐승도 길들이게 합니다.
먼저 알아들을 수 있는 뜻깊은 말을 하는 것이 중요하고,
그다음에는 천천히 조리 있게
무거운 물건을 건네듯이 천천히 말을 건네면
상대는 하나도 흘리지 않고 그대의 말을 받아들입니다.

한번 해 보세요.

자기 사람

자신이 경작하는 논에서 고개를 숙이고 있다 하여 전부 벼가 아니듯이, 자신의 영역 내에 기거한다고 해서 전부 자기 사람은 아닙니다. 내 사람을 찾습니까?

중단하세요. 그것보다는 내가 소중하게 여기고, 나를 소중하게 여길 줄 아는 사람을 만나는 것이 현명합니다. 노력하지 않고 얻으려는 것은 낮에 등을 켜고 불이 밝기를 기대하는 것과 같습니다.

쉽게 도달하는 것은 모두가 요행입니다. 복권에 당첨된 사람들은 대체로 불행하게 생을 마감했습니다. 얻을 만큼 노력하고, 얻은 것에 자족하는 자세가 삶을 윤택하게 하는 기본입니다. 농부의 땀은 좋은 비료와 같고 땀 흘려 얻는 것이 한순간의 영화보다 값진 것입니다.

꿈

누구나 꿈을 꾸고 살아갑니다. 그러나 누구나 꿈을 현실로 만들지는 못합니다. 하지만 두려워하지 마세요. 이 말은 노력하는 당신을 두고 하는 말이 아니기 때문입니다. 그만큼 성공하기가 쉽지 않다는 사실을 보여 주려고 한 것입니다. 더 많이, 더 오래, 더 강건하게 연마하는 이상, 모든 꿈은 현실로 내려앉습니다.

하늘은 인간에게 꿈과 이상을 가지라고 일러 주기 위해 높이 솟아 있습니다. 접은 날개를 펴세요. 움츠린 어깨를 펴세요. 그리고 제발 작은 생각의 높이를 키우세요! 아무리 높게 올라선다고 해서 꿈의 끝은 없습니다. 높은 이상은 가라앉지 않습니다.

어리숙한 사람의 공통점은 자신을 돌아보지 않는다는 점입니다. 그대의 인생 달력 그리고 일기장은 어떻게 채워지고 있습니까? 살아온 인생을 다시 돌아갈 수는 없으나 돌아볼 수는 있습니다. 지금 달려온 지점이 아직 시간이 많이 남아 있는 지점이라고 해도 그럴수록 살아온 흔적을 자주 돌아보는 시간이 필요합니다. 돌아보면 어떤 길을 가야 하는지 잘 알게 됩니다.

오늘

지금 현재의 시간을
무의미하게 보내 버린
과거의 시간으로
다시 만들지 마세요.

오늘은
어제처럼 살지 않겠다는
결심이 필요합니다.

오늘을 무의미하게 사는 사람은
내일도 의미 없이 보내야 하는
여러 가지 이유 앞에서 망설이다가
또다시 포로가 되어 버리기 십상입니다.

사랑

대다수의 젊은 남녀는
사랑하는 일보다, 사랑을 확인하는 일에
더 많은 시간을 빼앗기며 살고 있습니다.

사랑이 얼마나 불안정한 심리 상태에서 집
을 짓고 살아가는지 알 수 있는 대목입니다.
저도 그렇고 당신도 그럴 것입니다.
그래서 사랑은 동시에 지키려는
마음의 자세와 노력이 필요합니다.

사랑에는 등대가 필요합니다.
항구에 도달할 때까지
위태한 파도를 거쳐 오는 배같이
두 사람의 사랑은 언제나
갈등 속에 놓여 있기 때문입니다.

COUNSEL **15**

노력

노력은 정직한 삶을 지향하는 에너지입니다.
인간을 더욱 나은 조건으로 승화시켜 주는 매개체이며,
바르게 삶을 정립해 나갈 수 있는 지름길이기도 합니다.

노력은 나태의 파멸이며 태만의 징벌입니다.
또한, 인생을 헛되이 살지 않는 지혜의 첨병입니다.

사람다운 사람과

사람을 가려 사귀지 않는 것은
돌을 거르지 않고 밥을 지어 먹는 것과 같습니다.

좋은 사람을 만나는 것이
인생 살기의 첫 번째 덕목입니다.

물론 자신부터 상대에게
좋은 사람이 되어 주는 것도 중요한 일이지요!

가로등

가로등은 열심히 불을 밝히느라,
자신이 어둠 속에 갇혀있다는
사실조차 잊어버립니다.
무슨 일이건 열중하면
외로움이라는 병에 걸리지 않게 됩니다.

시간이 남아서 외로운 사람도 있습니다.
하는 일이 없어서 외로운 사람도 있고요.

중요한 것은
모든 게 너무나 차고 넘쳐서
외로운 사람도 있습니다.

이래저래 세상은
외로운 사람들로 넘쳐나 있습니다.

시도가 성공의 입맞춤이다

시작은 반이 아니라 전부입니다.
먼저 발을 떼는 아이가 먼저 걸음마를 배웁니다.

주저하는 시간은 멈춘 시간과 같습니다. 무엇이든 시작하면서 부딪혀 나가는 사이에 우리는 성장합니다. 설령 그 시작이 작은 것일지라도, 모든 시작은 가치가 있습니다. 시작하는 순간이 명예로운 것이고, 시작을 통해서 무엇을 얼마큼 얻었느냐는 본인의 의지에 달려 있습니다. 어떤 사람에게는 절망이 기회가 되고, 또 어떤 사람에게는 기회가 절망이 되기도 합니다.

안일하고 나태한 사람에게는 아무리 좋은 기회가 와도 그것을 좋은 일로 승화를 시키지 못하고, 다시 위기로 만들어 버립니다. 반대로 열심히 최선을 다하는 사람은 위기를 기회로 만들어 놓습니다. 기회와 위기는 항상 함께 존재합니다. 무슨 일이건 열심히 최선을 다하는 것이 중요합니다.

오해의 오해

엉킨 실은 그 상태로 사용할 수가 없듯이
오해는 그 순간에 풀지 않으면,
어떤 관계든 악화될 수밖에 없습니다.
그냥 놓아두면 독버섯처럼 자라납니다.

상대의 태도를 보고 이건 아니다 싶을 때는,
그 순간을 넘기지 않고 즉시 말을 건네 풀어야 합니다.
대다수는 주관적인 관점에서 불거진
정말 오해일 수 있는 일들이 너무나 많기 때문입니다.

대화로 풀지 않는 오해는 사실이 되고,
급기야 서로 상처를 주는 관계로 발전합니다.

긍정의 날개

긍정적인 신념은 가장 위대한 희망입니다. 거리에 나서는 것조차 힘겨워하고, 두려워하는 사람들이 있습니다. 스스로 벽에 갇혀 지내는 것이지요. 그들은 무엇이든 부정적인 진단부터 내립니다. 내 마음이 부정적이면 판단까지 부정적으로 변합니다. 조금 힘겨워 보이지만 나는 할 수 있다고 선언을 할 때 반전이 생깁니다.

긍정은 모든 것에 대한 수용입니다. 자기 능력 밖의 일일지라도 마음은 나는 할 수 있다는 희망으로 도배를 할 필요가 있습니다. 세상에는 할 수 있다고 하면 되고 할 수 없다고 하면 안 되는 일들이 너무나 많이 있기 때문입니다.

검은 재

타다가 남은 재가 되지 말고,
언제든지 타오르는 불이 되어요.

불 꺼진 창도 외로운 마음의 연기를 피우지만
타다가 남은 재를 바라보고 있노라면
그 암흑한 실증의 물질 앞에서
모든 생명의 분해 작용을 느끼게 됩니다.

역시 빛은 밝아야 하고
노래는 아름다워야 하고
우리 자신은 언제나 살아 있어야 합니다.

COUNSEL **22**

망각의 늪

상처가 깊을 때는 그 상처에 머물지 마세요.
잠시 바라보지 않는 사이에 상처는 아물어갑니다.
세상살이에는 망각이 필요합니다.

생각을 비우고, 진정시키지 않으면
상처는 되살아납니다.
상처를 붙들고 치유하기 위해 애를 태운다고
상처가 치유되는 것은 아닙니다.

이럴 때는 망각의 배를 타고 머물던
상처의 항구로부터 하루빨리 벗어나야 합니다.

실패

실패에 대한 보복은 성공입니다. 비 오는 날 우산을 쓰지 않고, 거릴 나서는 모든 사람 중 빗줄기에 몸을 적시지 않는 사람은 세상에 단 한 사람도 없습니다. 세상 모든 사람의 인생에는 실패의 흔적이 있다는 사실을 전달하기 위해서 하는 말입니다. 그러하니 실패를 했다고 낙담하지 말고 자신만 실패의 그늘에 갇혀 버린 것은 아닌가! 공황 상태에 빠질 필요가 없습니다. 열심히 땀 흘려 성공합시다.

준비

사람이 모일 때를 기뻐하지 말고, 떠나갈 때를 예비해야 합니다. 고였다가 증발해 버리는 논길의 물처럼 주변의 사람 또한 언젠가는 떠나가게 되어 있습니다. 농부에게는 저수지가 필요하듯이, 우리 인생도 나중을 위해 목마르지 않고 외롭지 않은 방어성을 쌓아야 합니다. 인심 사나운 요즘 같으면 더욱더 그러합니다.

철저하게 준비하는 자에게 정복당하지 않을 미래는 없는 법입니다. 다가오는 미래를 정복하려면 준비하는 마음이 필요합니다. 아무런 계획도 없이 이냥 저냥 미래를 맞이하면 어떠한 내일도 정복할 수 없습니다. 세월은 그냥 흘러가는 것이 아니라 우리가 부여받은 유일하고, 단 한 번뿐인 시간을 지우개로 지우면서 흘러갑니다.

싸움은 실패를 부른다

자신과 싸워 승리한 자는 타인과 싸우지 않으나, 자신과 싸워 패한 자는 남과 싸우기를 즐겨 하는 법입니다. 이건 꼭 나한테 들어맞는 말입니다.

예전에 저는 남과 싸우기를 즐겨 했습니다. 지금도 간혹 저는 남과 다투는 일을 하곤 합니다. 아직 나는 자신과 싸워 승리하지 못했다는 사실을 고백합니다. 그러면서도 여러분은 자신과 싸워 승리하는 사람이 돼달라는 주문을 하고 싶습니다. 언젠가는 나 자신과의 싸움에서 승리하는 날이 다가오리라 굳게 믿고 있습니다. 언제나 도전하고 있기에….

불안

철창 속에 갇힌 사람보다 자신의 불안과 초조 속에 갇힌 사람이 더 불행합니다. 불안한 미래가 우리 자신을 또 다른 감옥 속으로 밀쳐 넣어 버립니다. 인신의 구속보다 무서운 것은 불안의 구속입니다. 인신의 구속은 행동의 자유를 찾게 되면 치유가 되지만 불안과 초조 속에 갇혀 지내는 사람은 자유를 얻어도, 그 자유의 기쁨까지 누리지 못합니다.

현대병은 이토록 무섭습니다.

겸손의 미덕

당당하되 사람을 업신여기지 않으며, 겸손하되 비굴하게 보이지 않으며, 사람을 대할 때, 예를 다해야 의인이 모입니다. 사람을 귀히 여겨서 손해 보는 일은 없습니다. 자신보다 못한 사람은 얼마든지 있겠지요. 그런데 굳이 못난 사람, 잘난 사람 가려서 대할 필요는 없습니다. 모두 귀인처럼 대하면 자신의 신분이 드높아지고, 주변의 모든 사람이 좋은 사람들로 넘쳐나게 되어 있습니다.

가난은 질병

게으른 자가 걸리는 병은 가난이라는 질병입니다. 혹시 가난하십니까? 물질의 부족으로 고난의 행군 중이십니까? 내가 가난한 것이 게으르거나 도전을 기피하거나 아무런 일도 하지 않아서가 아니라 사회 탓이라고 생각하고 있지는 않습니까? 대다수의 가난은 열심히 살지 않기 때문에 옵니다. 열심에 열심을 더하고 땀에 땀을 더하고, 용기에 용기를 더하고 요행을 바라는 마음을 없애며, 살아간다면 분명 지금의 가난은 치유가 될 수 있습니다.

예를 담은 선물

받을 때는 예를 갖추고 줄 때는 상대를 높이며 주어야 합니다. 이것이 주고받는 관계의 예입니다. 주고도 욕을 얻어먹는 사람 적지 않습니다. 필요할 때 주지 않고 또 주면서 상대에 대한 예의를 지키지 않았기 때문입니다. 비단 물질만을 말하는 것은 아닙니다.

마음을 주고받는 것도 이러합니다.

사람을 사귐에 있어 먼저 예를 보고 그다음 근본을 보며 그다음 소양을 보고 그다음 신의를 보고 그다음 능력을 봅니다. 다섯 가지가 충족되면 그때 가서는 뜻을 논해도 무방합니다. 나방이 밝은 곳을 찾아다닌다고 뜨거운 불 속으로 들어가지 않습니다. 아무리 사람이 그리워도 사람을 가려서 사귀지 않으면, 복이 화가 되는 경우가 있습니다. 만남은 소중한 것이지만 먼저 살피는 습관이 필요합니다.

모든 사람에게 예를 다해 대하는 것은 스스로 사람됨의 근본을 바로 세우는 일입니다.

사람이 희망이라는 말, 참 아름다운 말이면서 딱 들어맞는 말입니다. 우리는 서로에게 희망이고, 희망이 되어야 합니다. 스스로 켜는 희망의 불도 밝지만, 서로 기대면서 둘이 키우는 희망의 불은 매우 밝습니다.

희망이 이기는 것

어둡고 절망적인 곳에서 세상의 꿈을 찾는 사람이 있는 반면, 환하고 희망이 넘치는 곳에서 세상의 꿈을 잃어버리는 자가 있습니다. 그만큼 절망과 희망은 선택의 문제입니다. 당장 실험해도 됩니다. 희망은 희망의 생각으로부터 출발이 됩니다. 희망을 현실의 조건반사로 생각하는 사람에게는 이런 말이 무슨 소린가 싶겠으나, 스스로 희망을 키우면서 살아가는 사람들은 이해가 갈 것입니다. 그대는 제 말이 이해가 되는 쪽에 서 계시기를 여망합니다.

소심한 이익

작은 이익에 눈먼 사람은 소경과 같아서 먼 길을 가지 못하고, 큰 뜻을 이루지 못합니다. 이익을 논할 때 소수점까지 따지면서 불을 켜는 사람이 있습니다. 당장은 더 많이 켜지는 것 같지만 나중은 더 많은 것을 잃어버리고 사는 것을 볼 수가 있습니다. 작은 것을 소홀히 하라는 말은 절대 아닙니다. 큰 뜻을 이루려면 작은 것에 자신의 마음을 빼앗기지 말라는 것입니다.

사소한 일에 감정을 앞세우면, 큰일을 도모하려는 사람이 모여들지 않습니다. 손해 보지 않으려는 마음이 우리를 옹색하게 하고, 사소한 일에도 성을 내게 합니다. 세상에는 가질 것도 많이 있지만 잃어야 하는 이유도 많이 있습니다. 소란스러운 곳에 오래 머무는 인심은 없습니다.

산은 오르는 자에게 몸을 내어줍니다. 세상은 산을 오르는 것과 같습니다. 내가 발로 밟고 오른 높이만큼 세상도 몸을 내어줍니다. 그러하니 너무 높다고 지레 겁먹고, 주저할 필요가 없습니다. 세상 어떤 것도 뜻을 세워 오르는데 몸을 내주지 않은 것은 없습니다. 단, 열심히 해야 합니다.

COUNSEL **32**

하늘의 뜻

갈고닦은 재주와 빛은 절대 땅에 묻히지 않습니다. 오늘 바치는 수고와 노력을 가볍게 생각하지 마세요. 모든 몸짓 땀, 노력 열정의 채취는 생의 전반에 걸쳐 큰 성과를 거두는 수단이 되어 줍니다. 지친 마음은 이해합니다. 어느 순간 배워서 도달할까 깜깜해지고 아득해지는 기분을 충분히 이해합니다.

중도에 그만두고 싶은 본능 그대만 있는 것은 아닙니다. 우리가 모두 길을 가다가 멈추고 싶은 충동을 느끼며 살아갑니다.

헛된 노력은 있지 않습니다. 배움의 가장 성스러운 가치는 두고두고 험한 세상을 건너는 사공이니 노가 되어 주기 때문입니다.

배려

자신의 아픔보다 타인의 아픔을
크게 생각할 수 있는 마음을 가질 때,
비로소 인간의 도덕적 품성은 완벽해지고,
자기완성의 도약이 보장됩니다.
인격이 뭐 별거 있습니까?

상대의 입장을 생각하고,
나보다 더 불행한 사람에게
눈을 돌릴 수 있는 마음을 먹으면 되지요.
그리되기 쉽지 않고,
그리 사는 사람 몇 안 된다고요?
맞습니다.

함정

상대를 빠트리기 위해 함정을 파지 마세요.
만약 파 놓은 함정에 상대가 빠지지 않으면,
자신이 빠지게 되기 때문입니다.
모략하고 함정을 파는 사람들로 넘쳐나고 있습니다.

누군가는 자신이 파놓은 함정에
빠지기를 바라면서 공을 들이는 사람들이 있습니다.
사람이 할 짓이 아니지요!

반드시 의를 세우고, 악을 징벌하기 위해
함정을 파야 할 일이 생겼다면,
사실과 진실에 접했을 때만 신중을 기해야 합니다.

좋은 사람

좋은 사람을 만나는 것은
배가 물을 만나는 것 같고

나쁜 사람을 만나는 것은
농부가 추수 때 홍수를 만나는 것과 같습니다.

사람 잘 만나고 계십니까?
혹시 아무나 손을 잡고
관계를 시작하고 계시지는 않습니까?

현미경으로 보면 사물이 더 잘 보이지요.

덫

더 밝은 날은 먼 곳까지 사물을 볼 수 있습니다.
사람도 좀 더 관찰하고 살피면서 사귀는 것이 중요합니다.
좀처럼 좋은 사람을 만나지 못하는 것은,
이해관계를 따지면서 사람을 만나기 때문입니다.

나쁜 사람은 덫을 가지고 있습니다.
이런 사람들은 철저하게 자신을 숨기며 살기 때문에
쉽게 드러나지는 않습니다.

달콤한 인생

현실과 비현실의 차이점

현실은 냉혹하고 쓰지만,
비현실은 달콤하면서 허무합니다.

상상은 즐겁습니다.
그런데 현실은 한약이지요.
독약일 때도 있고요.

그런데 참 신기한 것은
역시나 우리 입맛에는 한약이 맞다는 것이지요.
오늘도 나는 탕약 한 사발 들이키며,
하루를 견디어 냅니다.

화학적이다

사랑은 불처럼 뜨거워질 수 있고,
차가워질 수도 있다는 점에서
화학적인 것입니다.

이러한 사랑의 양면성이
인간의 내면을 깊이 지배하고 지속해서
숭앙받고, 존속되는 이유입니다.

사랑의 열병은 죽을 때까지 이어집니다.
그런데 사람은 양면성에서 탈피할 필요가 있습니다.
한결같아야지요!

독 묻은 손

부정적인 사람과 손을 잡는 것은 날카로운 가시와 손을 잡는 것과 같이 매우 위험합니다.

더 나아가 부정적인 사람과 손을 잡는 것은 굴 속에 입을 벌리고 덤벼드는 독사의 입과 다르지 않습니다. 그냥 독 묻은 화살이라고 해 두지요. 그들은 무엇이든지 안 된다는 생각을 하고 말하기를 즐겨 합니다. 특기할 만한 사실은 부정적인 사람의 지능 지수가 매우 낮다는 것입니다.

멋진 세상 사람은 넘치는데 그대는 혹시 머리가 나쁜 사람과 교제하려고 하는 것은 아니겠지요.

매사를 밝게 생각하고 보는 사람은 어둠 속을 걷지 않습니다. 와-우 세상은 아름다워 살만한 가치가 있네!. 어머! 상앗빛 백합, 질펀한 호박꽃, 결이 고운 공기, 투명한 물, 내 육신에 말을 걸어오는 햇빛!

이 모든 것이 적절하게 서로 기대며 살아가는 무한대의 창조적 생명의 잔칫상은 정말 놀라울 정도로 아름다워 이들과 더불어 호흡하는 나는 정말 소중한 존재이고, 살만한 가치가 넘쳐, 물론 조금은 힘이 들고, 고난이 적지 않지만 '인생은 즐거운 무대야!'라고 생각하는 사람은 절대로 어둠 속에 갇히지 않습니다. 그대와 나는 어둠 속을 걸어가지 말기로 해요.

따스한 햇볕이 만물을 양육하는 것처럼 사람도 그 마음이 어질고, 따뜻하면 가까운 사람뿐 아니라 멀리 떨어진 사람들까지 거느리게 됩니다. 느낌이 좋은 사람으로 기억되는 일은 자신에게 매우 놀라운 기쁨이 됩니다. 화를 잘 내고, 차가운 사람은 사랑, 우정, 관심까지 얼어붙게 합니다. 추운 겨울에 강물이 얼어 버린 것을 보면 인간의 차가운 품성이 주변 사람에게 어떤 영향을 끼치는지 알 수 있습니다. 누군가 나의 옹색한 마음 때문에 얼어붙는다고 생각해 보세요. 따스한 마음 넉넉하게 대하려는 처신은 나를 돋보이게 하는 일입니다.

스승을 만나라

배울 점이 없는 사람과 관계를 갖는 것은, 산을 오르다 도중에 내려오는 것과 같습니다.

노력하지 않는 사람, 요행을 바라는 사람, 자신이 잘되기 위해 뒤로 돌아가 등을 겨냥하는 사람, 이런 사람과 교제하는 것은 정말 삼가세요. 인생은 철저한 준비가 있어야 쉽게 패배를 당하지 않습니다.

학습의 도장입니다. 배우려고 노력하지 않는 사람은 도태됩니다. 그런 사람에게서 배운다는 건 잘못된 교훈을 말할 것입니다. 평소 스스로 갈고 닦고 최선을 다하는 사람에게서 진정으로 배울 점이 있는 것입니다.

직시

　한눈팔다 성공한 사람 없고, 성공한 사람치고 한눈판 사람 없습니다. 똑바로 한길을 걸어간 사람은 거의 다가 평탄한 인생을 살아가고 있습니다. 이건 인생의 공식입니다. 수학 문제를 잘 푸는 사람은 머리가 명석한 이유도 있겠지만, 수 없이 반복 학습을 했을 겁니다. 오직 한 길만 걸어가는 것이 인생의 공식 문제를 푸는 길이 됩니다. 나는 정말이지 한눈을 많이 팔았어요. 뭐 좀 재주가 남다르다 보니까 이 일 저 일에 손을 대고, 기웃거리기를 좋아했지요. 사팔뜨기가 되지 않은 게 다행이에요. 이제 요즘은 철이 들어 비교적 똑바로 살아가고 있습니다.

충동은 성공의 계모이다

충동의 답은 실수로 종결됩니다. 부산하게 움직이는 사람이 있습니다. 매사 즉흥적이지요!

이 문제 역시 저를 두고 하는 말 같습니다. 저는 무척 충동적이었어요. 당연히 실수와 실패 투성이 인생을 살아왔지요. 그러다 보니 이런 글을 쓰게 되었는지 모릅니다. 급히 가려는 사람들이 이와 같은 성향을 보이지요. 한번에 무엇인가를 이루고, 얻으려는 마음이 자신을 달달 볶고, 즉흥적인 사람으로 변하게 합니다. 모든 생명은 피고 지는 때가 있는 것을 보면 사람의 세상 살기도 다르지 않을 것입니다.

입버릇

입이 가벼운 자는 행동이 가볍고, 인생이 가벼운 자는 인생이 가볍습니다. 앞에서 조잘대기 좋아하는 사람들은 뒤에서 손가락질받고 있다는 사실을 잘 모릅니다. 사람들이 말을 잘하는 사람들에게 두 가지를 전해 주는데, 하나는 앞에서는 재미있게 말을 잘한다는 칭찬과 뒤에 가서는 푼수 같다는 말을 듣기 십상이지요. 앞에서 칭찬하는 말에 취한 사람은 뒤에서 쑥덕거리는 흉을 파악하지 못합니다. 만약 뒤에서 쏟아지는 비난을 안다면 가볍게 입을 놀리지 않을 것입니다.

그러니까 우리는 항상 뒤를 생각하며 말을 하는 습관을 길러야 한다는 것이지요. 가벼운 돌은 바람에도 쓸려 가고 빗물에도 쓸려 다니는 법입니다. 사람도 그 행실이 가벼우면 사람들의 입소문에 쓸려 다니다가 결국 체면을 다 잃고 실없는 사람으로 전락을 하고 말게 됩니다.

벌과 향기

벌은 향기가 없는 꽃은 찾지 않습니다.
잡초가 있는 곳에 벌이 있는 것을 본 적이 없습니다.
나방은 빛을 찾아가고 벌은 향기를 찾아가며,
물은 길을 찾아 나섭니다.

향기가 없는 사람은 주변에 사람이 없고,
병든 사람에게도 사람이 없습니다.
꽃밭에 터를 잡는 구더기는 없습니다.
사람에게도 향기가 있습니다.
향기가 나는 사람은 외로운 삶을 살지 않아서 좋습니다.

인간의 향기는 자애롭고, 넉넉한 태도입니다.
그곳에는 나쁜 사람이 머물지 않습니다.
일부로 향수를 뿌리지는 마시기를….

행복

타인으로부터 빼앗은 행복은 결코 자신의 인생에 머물지를 않습니다.

요즘은 밥 세 끼 못 먹는 사람도 드물다고 합니다. 옷을 두 겹 걸치고 거리를 나오는 사람도 없습니다. 신발 한 짝 옷 한 벌 물론 집에는 많이들 쟁여 놓았겠지요. 많이 먹으면 배 터지고 많이 가지면 불안합니다. 이것이 인생입니다. 그런데 남의 것을 빼앗아 자신의 행복을 키우는 수단으로 삼는다면 좀 웃기는 일이지요. 남의 것 빼앗는다 한들 내 행복과는 절대로 무관합니다. 오히려 내 행복의 균형이 깨질 뿐이지요!

절망이 스승이다

싸워 이길 수만 있다면 절망은 우리의 삶에 없어서는 안 되는 위대한 스승입니다.

인생은 훈련이 필요합니다. 장애물을 건너는 선수들이 장애물을 잘 뛰어넘는 것은 훈련을 했기 때문입니다. 학교에서의 스승은 선생이지만 인생의 스승은 절망입니다.

아리송하게 생각하실 필요 없습니다. 힘들게 살아가고 있는 사람들에게 그 지겹고 고단한 절망을 스승으로 삼아야 한다고 말을 하니 기분이 나쁘실 수도 있습니다. 인체가 면역 체계를 가지고 있듯이, 우리의 인생도 면역 체계를 가지고 있어야 하는데 절망만큼 인생을 건강하게 지킬 수 있는 수단은 없다는 말씀이고요. 거뜬하게, 즐겁게 힘겨운 절망을 뛰어넘어 보자는 말씀입니다.

스스로 절망하는 사람은 구제받지 못합니다. 일으켜 세워도 일어나지 않는 아이가 있습니다. 괜찮다고 말을 해도 장애물을 건너지 않는 사람이 있습니다. 조금만 더 가면 도달할 터인데 "아직 멀었어!"라며 주저앉는 아이가 있습니다. 이 정도는 견딜 수 있어야 한다고 말을 하면, 불에 덴 사람처럼 더 이상 갈 수 없다고 멈추어 선 사람이 있습니다.

무엇이든 안 된다고 손을 흔들고 나는 할 수 없다고 생떼를 부리는 사람이 있습니다. 정말 아무 일도 하지 않으려고 하고 손을 잡아 주어도 뿌리치는 사람이 있습니다.

이런 사람은 스스로 절망하는 사람에 속합니다. 누구인들 무엇이든 이런 사람은 구제받지 못합니다.

불행의 저울

불행의 크기는 자신의 마음속에서 결정됩니다. 세상에서 제일 행복하다고 하는 사람이 살고 있었습니다.

그는 분명 도시의 큰집에서 많은 돈과 영화를 누리는 사람이어야 맞지만, 막상 그를 찾아내 보니 그는 농사꾼이었습니다. 밭도 크지 않았습니다.

그가 밭에 들어갔을 때 좌우 어느 쪽에서건 그가 일하는 모습을 가까이 볼 수 있을 만큼 작았습니다. 얼굴은 새카맣게 그을렸고, 연신 웃는 모습이었습니다. 남루한 옷차림에 할아버지같이 주름이 파인 그의 얼굴에서 뿜어져 나오는 섬광은 그 자체로 경이롭고 보기에도 정말 행복해 보였습니다.

누가 물었습니다. 당신은 어떻게 세상에서 가장 행복한 사람이 되었느냐고! 그러자 할아버지는 이렇게 말을 했습니다. 세상이 가르쳐준 행복을 따라가지 않고, 자신이 행복한 일만을 찾아 여행했다고 합니다.

세상은 누군가 만들어 놓은 행복으로 넘쳐나고 있습니다. 인위적이고 작위적인 행복이 인간의 행복으로 규정되어 있습니다.

어느 정도까지는 도달해야 행복하다는 가설에 갇혀 있습니다. 저 정도면 행복할 터인데, 행복하지 않은 사람이 많은 이유가 여기에 있습니다. 내가 원하는 행복은 내 마음속의 행복을 갖는 것입니다.

집중

집중해서 일하는 만큼 유익한 명상은 없습니다. 집중적으로 하는 노동은 명상과 다르지 않습니다. 자연의 아름다운 풍광을 찾아가 정신적인 휴식을 취하는 것은 매우 중요한 일입니다. 그런데 기분이 좋은 상태에서 신나고 즐겁게 주어진 일에 매달리면 자연 속을 찾아가 누리는 휴식 못지않은 심신의 안정감을 얻을 수 있습니다. 쫓기듯이 일을 하는 사람들은 이런 단계로 진입을 하지 못하고, 주어진 일과를 마치고 자리를 박차고 벗어나려고 합니다. 저 같은 경우에는 노동이 휴식입니다. 저는 일을 매우 즐겁게 합니다.

그러니 별도로 휴식을 찾을 필요가 없습니다. 잠시 일손을 놓고 싶을 때도 있으나 대체로 일은 제게 위안이 되기도 하고 명상이 됩니다.

현재의 모습

현재 무슨 일을 하고 있는지가 그 자신의 미래 모습이 됩니다. 지금 무엇을 하고 있으며, 무슨 일을 하기 위해 준비하고 있는지, 얼마나 노력하고 있는지가 미래의 자신을 비추는 거울이 됩니다. 어두운 구름은 반드시 비를 내립니다.

현재 안일에 젖어 있다면, 미래의 나는 별 볼 일 없는 지점에 반드시 도달해 있습니다. 미래를 맞이하는 것은 오늘 현재의 내 모습입니다. 미래를 희망이 넘치고, 설레도록 만들기 위해서는 오늘의 나는 지혜롭게 선택하고 그 선택한 일에 최선을 다해야 합니다.

보상 없는 노력은 없습니다. 모든 노력은 보상을 준비하고 있습니다. 그것도 노력한 만큼 몫이 돌아갑니다. 자신에게 돌아온 포상이 작은 것은 자신의 노력이 크지 않기 때문입니다.

요행으로 돌아가는 몫은 포상이 아닙니다. 노력한 만큼 포상이 준비되어 있으니, 인생은 살 만한 여행입니다.

성공과의 교류

꿈을 꾸는 그 순간부터 당신은 성공과의 교류가 시작된 것과 다르지 않습니다. 꿈은 그 자체로서 비전입니다. 이전과 다른 상태로 진입해 들어가는 곳에는 언제나 새로움과 희열이 있습니다. 꿈은 나와의 교류이며, 생의 반전을 보장합니다. 거창하지 않아도 됩니다.

지금보다 나아지려는 노력이 있다면, 그대는 지금 꿈을 꾸고 있다는 증거이며, 성공과 밀애를 즐기는 일이 됩니다.

노력 앞에 장애 없습니다. 집중적으로 매달려 보세요. 그리고 치열하게 대상과 힘겨루기를 해 보세요. 결코, 그대가 넘어지는 일은 없습니다. 아무리 험난한 고통도 주저앉지 않고 그 시간을 의연하게 지나갔을 때 훗날 희망으로 변화되지 않는 고통은 없습니다. 그러므로 오늘의 고통은 내일의 고통을 이겨 내는 귀중한 자산입니다.

COUNSEL **51**

교만

타인 앞에서 지나치게 자신을 스스로 높이는 것은 되려 조금씩 아래로 추락하는 일입니다.

사람과의 교류가 원만하지 않은 데는 그 만한 이유가 있습니다. 인간의 인품은 내세울 때마다 그 반대의 길로 추락을 거듭합니다. 높이는 것은 자신이 아니라 언제나 상대입니다.

———— 희망이다

73

베푼 것을 잊어라

대가를 바라는 자선은 나누어 준다는 목적은 달성되었다 해도 영적 만족의 상태에 도달하지는 못합니다. 자선의 보상은 기쁨입니다. 베푸는 순간 내가 얻어야 할 것은 이미 다 얻은 격이 됩니다. 그 외에 또 다른 영예와 보상을 바란다면 베풂은 아무런 의미가 없습니다. 주는 기쁨이 받는 기쁨의 열 배가 됩니다. 자선을 하고 나서 또 다른 보상을 바라는 경우가 있습니다. 이는 자선이 아니라 자선으로 포장된 계산된 이기심입니다.

사랑도 자원이다

석유는 지구가 만들어 내는 자원이고 사랑은 인간이 만들어 내는 자원입니다. 두 개의 자원은 모두 중요합니다. 모든 인간이 살아가는 존재의 요건이요 발판입니다. 하지만 이들 중 우리 인류에게 가장 시급히 필요한 것은 사랑입니다. 인간은 자원으로 풍요를 느낄 수는 있지만, 삶의 행복을 규정짓는 것은 바로 사랑이기 때문입니다.

사랑이야말로 인류 구원의 보편적이고 지속 가능한 대안입니다.

멋진 인정

타인을 인정하는 일은 내가 인정받을 때보다 더 큰 소득을 안겨 줍니다. 많은 사람으로부터 존경을 받는 사람들은 아주 오래도록 자기 자신보다 앞의 상대를 존경하고 인정해 왔다는 사실을 알 수가 있습니다. 인간관계 소득의 구조는 이처럼 역방향 현상을 보입니다.

색다른 시각

시련은 일종의 고개와 같습니다. 누구나 고개를 만나 넘고 살아갑니다. 더 높은 고개와 좀 더 낮은 높이의 차이점만 있을 뿐입니다. 그러나 시련이라는 고개를 넘고 나면 누구에게나, 똑같이 평지가 펼쳐집니다. 그렇기 때문에 오늘의 시련은 그리 심각하지 않습니다.

생각의 운명

생각이 운명을 운전합니다. 자신의 운명에 깊이 관여하고 통제하는 것은 바로 자신의 생각입니다. 따라서 어떤 생각을 하느냐 하는 것은 매우 중요합니다. 운명은 자신의 생각을 그대로 반영해 주기 때문입니다.

땅이 하늘을 올려다보는 것 같지만 우주에서 바라보면 하늘이 땅을 내려다보고 있다. 우리 인간의 생각은 이렇듯 많은 착각을 품고 있습니다. 이것이 생각의 차이입니다.

아직까지 우주가 팽창하고 있다는 사실은 그만큼 인간이 도달해야 할 꿈의 영역이 넓어지고 있다는 것을 뜻합니다. 인간의 꿈은 우주의 팽창과 함께 넓어지고 있습니다. 인간의 능력을 한계 짓는 것은 상상의 결함입니다.

인간의 육신이 태워진다고 죽은 것인가! 의식이 끊어진다고 죽은 것인가! 그것은 아닙니다. 우리의 육신과 의식이 태워져도, 단지 우리는 인간의 시각적 현상에서 소멸된 것일 뿐입니다.

우리의 모습은 눈에 보이지 않는 상태로 변화될 뿐 우리 자신의 본체는 또 다른 모습으로 태어나 우주 속을 표류하게 됩니다. 그러므로 인간은 형태를 달리하며, 영원히 살아가는 존재입니다.

용기가 다리다

누구나 어떤 상황에서든 희망의 불을 지필 수가 있습니다. 그런데도 희망의 편에 서지 못하는 것은 용기가 없기 때문입니다. 절망을 이기는 일에도 용기가 필요하지만, 희망의 불을 지피는 일도 용기가 필요합니다.

무제 1

자신이 경작하는 논에서 고개를 숙이고 있다 하여 전부 벼가 아니듯이 자신의 영역 내에 기거한다고 해서 전부 자기 사람은 아닙니다.

노력하지 않고 얻으려는 것은 낮에 등을 켜고 불이 밝기를 기대하는 것과 같습니다.

만물 중에 믿는 도끼에 발등을 찍는 것은 사람밖에 없습니다.

무제 2

어떤 사람에게는 절망이 기회가 되고 또 어떤 사람에게는 기회가 절망이 되기도 합니다.

엉킨 실은 사용할 때가 없듯이 오해는 그때그때 풀지 않으면 어떤 관계든 악화할 수밖에 없습니다.

할 수 있다는 가장 신념은 위대한 희망입니다. 타다가 남은 재가 되지 말고 언제든지 타오르는 불이 되세요.

무제 3

　사람이 모일 때를 기뻐하지 말고, 떠나갈 때를 예비하세요. 철저하게 준비하는 자에게 정복당하지 않을 미래는 없는 법입니다.

　영웅은 병사를 귀히 다루고, 군자는 도를 귀히 다룹니다.
　자신과 싸워 승리한 자는 타인과 싸우지 않으나, 자신과 싸워 패한 자는 남과 싸우기를 즐기는 법입니다.

　당당하되 사람을 업신여기지 않으며, 겸손하되 비굴하게 보이지 않으며, 사람을 진심으로 대하면 의인이 모입니다.

　사람을 사귐에 있어 먼저 예를 보고, 근본을 보며, 그다음 소양을 보고, 신의를 보며, 그다음 능력을 봅니다. 다섯 가지가 충족되면 그때 가서는 뜻을 논해도 무방합니다.

무제 4

어둡고 절망적인 곳에서 세상의 꿈을 찾는 자가 있는 반면, 환하고 희망
이 넘치는 곳에서 세상의 꿈을 잃어버리는 자가 있습니다.

모든 사람에게 예를 다해 대하는 것은 스스로 사람됨의 근본을 바로 세
우는 일입니다.

서툴 뿐

세상에 기댈 사람이 없어서 외로운 게 아니라, 기대는 방법에서 서툴기 때문에 외롭지요.

지독하게 외로운 상황에 직면해 있는 그대여! 외로운 성에서 벗어나려면, 멀어져 있다고 느끼는 누군가를 품고 다가서는 방법을 찾아 보세요. 가까운 곳에 피곤함에 찌든 마음을 풀어 다시 내일을 준비하게 만드는 따스한 사람들이 있답니다.

멀리 떨어져 있다고 생각하는 그 사람이 사실은 멀리 떨어져 있지 않고. 그대가 가까이 가는 길을 잃어버리고 살아가고 있어서 멀리 떨어져 있다고 느끼고 있을 뿐이에요.

왜! 좀 더 가까이 다가오지 않냐고 주문하지 마세요. 그대가 알고 있는 사람들은 실제 떠나지 않고, 그 자리에서 그대가 오기를 기다리고 있어요. 타인에게 다가서는 발걸음을 주저하거나, 망설이는 순간 그대의 외로움은 자란답니다. 다가오기를 기다리는 것보다 다가가는 게 더 외롭지 않음을 경험해 보세요.

길거리에서 1

도심의 거리에서 누추한 행색을 한 사람이 다가와 밥값을 요구하거나, 손잡아 주기를 바라거나 대화하기를 원할 때가 있지요.

그 상대가 자신과 비교해서 열등해 보이는 사람을 그냥 무시하고, 지나 치기 쉬운데요. 휭하고 지나치지 말고, 요구하는 대로 받아 주세요. 천 원 짜리 한 장 줄 수 없을 만큼 자신의 처지가 빈곤하여 물질을 줄 수 없을 때 는 한마디 말을 받아 주세요. 행색이 별 볼 일 없는 그 사람과 인증 샷을 찍 어 핸드폰에 보관해 보세요. 자신의 처지보다 못한 사람이 당장은 자신에 게 이익을 주지 않으나, 따스한 마음을 베풀어 주는 사람에게 언젠가 세상 은 내가 그에게 준 것보다 큰 행운을 가져다줍니다.

세상은 내가 베푼 사랑을 다시 돌려주어요. 앞의 상대가 나에게 무엇을 줄 수 있을 때 우리는 대화를 하고 손을 잡지요. 이익이 없을 것으로 보여 쌀쌀맞게 지나치는 사람들도 적지 않을 텐데, 그러지 마세요.

사랑, 선행, 관심 따스한 배려는 이자놀이 하는 것과 같아요. 반드시 곱 해서 돌려준답니다.

당장 이해관계가 성립이 안 된다고, 마음 주는 일에 인색할 필요 없어요.

길거리에서 2

종종 길거리에서 싸움하는 광경을 목격할 때가 있어요. 연약한 여자가 맞는 장면은 누구나 한 번쯤 목격을 했을 거예요. 그중에는 어린아이도 포함되지요. 거의 그냥 지나치는 사람들이 많아요. 그대는 어떤가요. 아마 모르긴 몰라도 그냥 지나쳤을 거예요. 좋은 일 한다고 말리러 갔다가 오히려 불상사를 당하는 일이 있다 보니 담 넘어 들어간 도둑 망보듯 하는 경우가 많습니다.

안다리 걸다가 뒤로 발랑 자빠지는 모래판의 씨름 선수가 되기 싫은 거지요. 그냥 나 혼자 잘살면 되고 남이야 불알 터져 제구실 못 하든, 치맛자락 끈 떨어져 궁둥이 살이 드러나든, 국사발에 고추가 익든, 서로 헤딩하다 옥수수 번지수 없이 날아가든, 무슨 상관이냐 이거지요. 어떤 사람은 서서 구경하고, 어떤 사람은 빙 돌아 내빼기도 합니다. 심지어 내 일 아닌데 하고 달아나다 넘어져 존귀하신 대갈님 깨지는 경우의 사람도 있어요.

당하는 사람들이 그런 광경 보면 속으로 무슨 생각을 하겠어요. 그동안에 살면서 배운 욕 다 끌어다가 기관총 난사하듯이 욕바가지 뒤집어쓰는 거지요.

말리다 봉변을 당하는 게 염려되면 그때는 그냥 지나치지 말고 "야, 개새끼야!" 하고 소리라도 치고 톡 튀세요. '다가서는 건 위험할 거야!'라고 뇌지도에서 그냥 지나쳐 가라고 지시를 내린다 치면, 사람 살려 달라고 대신 소리쳐 주던가, 경찰에 신고하고 지나쳐 가는 겁니다. 방법 중에 상 방법이지요. 상대도 살고, 나도 흐뭇해지는 일입니다.

이게 수신이고, 진정한 봉사이지요. 종교적으로 사랑과 자비를 의미합니다. 자비와 사랑은 관심입니다. 그건 아름다운 간섭이고 같이 존중받고 살아야 하는 사람으로서의 기본이 되는 신호이지요.

나는 이런 사람이 될 거야

간섭하지 않을게요.

장차 어떤 사람이 된다 해도 부러워해 드릴 수 있어요.
그러니 무엇이 되겠다고 하신 그 약속은 꼭 지키세요.
나라를 움직이는 사람이 아니어도 좋아요.
사랑하는 사람의 곁에서 언제나 머무는 사람이어도 좋고,
나보다 못한 사람을 부축하여 먼길을 가는 동반자여도 좋아요.
거리의 청소부도 좋고 무거운 짐을 나르는 짐꾼이어도 좋아요.

다만 "나는 이런 사람이 될 거야!"라는 꿈을 쉽게 하지 마세요.

나는 이런 사람이 될 거예요.
어제보다 더 나은 결과를 멈추지 않고, 찾아내는 부지런한 일꾼!

이게 좋다는 생각이 들면 나와 같은 꿈을 꾸어도 좋아요.

고달프세요?

내려놓으세요.
가진 것 중에 조금만 아주 조금만 하고자 하는 일의 조금만.

생각하는 양의 조금만
미워하는 마음의 조금만
기대하는 것의 조금만
이웃과 으르렁거리는 마음 조금만
양보하면 손해 볼 것 같은 마음 조금만
아주 조금만 내려놓으세요.

쉽진 않아요.
내려놓고 비워내면, 그 공간만큼 내가 쓸쓸해지고
손해 보는 것 같아서.
내려놓으면 다시 더 많은 것을
가지고 와서 채워 줍니다.

조금만 가볍게 해도 고달프다는 생각이 줄어듭니다.

마음을 열어 놓으세요

마음 놓고 살아가기 힘든 세상입니다. 누군가 벨을 누르고 바깥에서 악다구니를 친다고 해도, 결코 열어 주고 싶지 않은 심정입니다. 세상에서 불어오는 바람은 들판의 바람처럼 부드럽거나 시원하지 않아요. 그 바람은 눈물 콧물 다 쏟아 놓게 하지요!

어떤 사람은 거리를 걷다가도 눈물을 흘리고, 전봇대 아래 서서 엉엉 울기도 합니다.

세상이 녹록지 않음을 알게 하는 대목이지요. 상처받을 일은 얼마나 많은지 귀가하면 머리와 가슴속에 받은 상처의 낙엽들이 발아래로 우수수 떨어지는 착각을 느낄 정도입니다.

단 하루를 살아 내는 데도 많은 상처를 받고 실망을 하고 귀가하게 되는 우리 삶을 어떻게 해야 덜 상처받고, 꾹 닫은 마음을 열어 놓은 채 살아갈 수 있을까요?

첫째, 그럴수록 마음을 열어 놓아야 합니다.

오랫동안 문을 닫아 놓고, 나갔다가 들어서면 이곳저곳 곰팡이가 피어 있고, 공기도 좋지 않습니다. 사람의 마음도 이와 같아요. 닫아 놓으면 안으로 썩고, 그로 인한 삶의 의욕, 잘 아는 사람들과 부대끼며 얻은 상처보다 더 크게 자라나 삶을 불운하게 만들어 갑니다.

돌덩이가 날아와 머리를 터지게 하고, 상처받은 일로 해서 이불을 뒤집어쓰고 엉엉 우는 날이 있을지라도 마음을 활짝 열고, 세상과 조우를 해야 합니다.

새로운 날은 반드시 다가옵니다.
덜 울고 덜 슬픈 날이 다가옵니다.
세상 사는 일 처음에는 많이 울어야 해요.
상처도 나야 해요.
울고 나면 강해져요. 울고 나면 우는 일이 점점 없어져요.
상처는 거뜬히 치유하고 다시 길을 가게 합니다.
중단 없이 걸어가야 해요 그게 인생이니까요.
열어 둔 당신의 마음이 덜 슬퍼하도록 기도합니다.

배려가 답이다

누구나 아는 사실이지만 사람을 배려한다는 것은 상대방의 입장에 서서 생각하고, 행동하는 것을 의미합니다. 근데 이게 대학 입시보다, 학창 시절의 공부보다 더 어렵습니다.

왜 머리 싸매고 공부하는 일보다 더 어려울까요? 사람은 자신의 입장에 서서 살아가도록 뇌 지도가 굳어져 있기 때문입니다. 남의 입장에 서면 이익이 줄어들고, 손해 보는 것 같은 생각이 먼저 들기 때문에 상대편에 서서 행동하는 일이 낯설고 쉽지 않습니다.

그런데 왜 사람은 상대방의 입장에 서는 일을 중단 없이 해야 할까요? 누군가는 지금도 나를 이해하고, 내 입장에 서서 자신의 사회생활이 원만하게 지켜질 수 있도록 배려를 하고 있기 때문입니다.

그러면 그들은 그러한 배려를 처음부터 쉽게 했을까요. 그렇지는 않습니다. 당신을 이해하는 그들도 당신을 배려하기까지 많은 고민이 따랐을 것입니다. 세상 누구나 사람들에게 배려를 받지 않고, 살아가는 사람은 한 사람도 없습니다. 만약 배려를 받지 않는다면 존재할 수가 없지요. 그렇습니다.

내가 상대를 이해하고, 아픔을 보듬는 일을 주저할 때 누군가가 나를 이해하고, 받아들이고, 기댈 수 있도록 배려를 하고 있다는 생각을 해야 합니다. 자신의 입장에 서서 살아가는 것 같으나, 많은 사람은 오늘도 당신을 이해하고, 이끌어 주기 위해, 관심을 기울이고 있다는 사실을 상기하시며 살아가세요.

어때요? 배려하는 마음 갖고 살아가고 싶지 않으세요?

다른 사람을 어떻게 1

나와 다른 것들이 세상에는 참 많습니다. 그중에 나와 다른 생각을 가진 사람들과 마주하노라면 보통 어렵지 않습니다. 콧구멍에 치약이라도 집어 넣던가. 뒤에서 다리를 걸어 넘어뜨리고 싶은 충동까지. 어디 그뿐입니까? 욱하고 뒷골이 당기면서 놀이기구같이 혈압이 내렸다, 올랐다 하는 걸 경험하게 됩니다.

생각이 다른 사람과 마주하는 것은, 뜨거운 국물을 단숨에 들이켜야 하는 힘든 일입니다. 복장 터져서 죽는 사람들도 더러 있습니다. 싸워서 눈탱이가 밤탱이가 되는 일도 생각이 다른 사람들과 마주하며 생기는 일입니다.

부부가 싸움을 하다가 가구를 집어 던지는 것이나, 죽고 못 산다며 뜨겁던 연인들이 욕지거리를 하며 싸우는데, 모두 생각이 다르기 때문에 일어나는 일들입니다.

그런데 생각이 다른 사람을 만나게 되면 좋은 점이 있습니다. 우선은 삶을 이해하는 각도가 더 성숙해집니다. 한 곳만 바라보는 인생이 좋은 것 같으나, 한길만 가다가 일이 잘되면 모르는데 만약 결과가 시원치 않으면 그야말로 날개 잃은 새가 되어 버리는 누를 범하게 되는 결과와 같습니다.

생각이 같은 사람을 만나면 조용하고 화기애애하기는 한데 솔직히 발전은 없습니다. 공동의 목표 아래 모여 자신들이 옳다고 주장하지만 결국에는 아집의 집단이 되던가. 매우 편협한 인간으로 변모된 자신을 발견하게 됩니다.

같은 생각을 가진 집단이나 구성원들이 타인을 이해하는 수준에서 현저히 떨어지는 양상을 보이지요. 생각이 다른 사람들을 만나면 격론이 벌어집니다. 격하게 코피 터지는 싸움이 발생해도 서로에게는 객관적인 사고를 겸비하는 발전을 가져옵니다. 그러니 나와 생각이 다르다고 팽 토라져 두 번 다시 보지 말자고 절교를 선언하거나 아예 모임에 부르지를 않거나 왕따를 시키는 일을 하면 자신에게 손해를 가져다줍니다.

나와 생각이 다른 사람들과 일찍부터 교제를 가지려고 노력해 보세요. 반드시 삶의 긍정적인 결과를 가져다줍니다. 세상은 나와 반대되는 것들과의 싸움입니다.

부정과 긍정, 미움과 사랑, 이기심과 배려, 성공과 실패, 종교와 무종교, 계층과 이념 등 이루 말할 수 없이 다른 것과의 전쟁이라고 해도 과언이 아닙니다.

이처럼 나와 반대되는 것들과 조화를 이루고 균형을 이루어 나가면 더 멀고 넓은 세상을 열어가 성공적인 마당에 안착하는 일이 쉬워집니다.

다른 사람을 어떻게 2

 자, 이제부터 나와 생각이 다른 사람을 어떻게 대해야 하고 관리해야 하는 가를 생각해 보자고요. 만약 자신과 생각이 다른 사람을 만나거든 멀리서 조상님 오시는구나. 내 판단을 균형 잡히도록 도와주시기 위해 내게 강림하셨구나. 저 사람은 내 봉이다.

 '파리 날리던 식당에 찾아오는 손님이구나.' 하고 따봉을 외치는 겁니다. 인상 쓰지 말고 거리 두지 말고 쳐다보고 배시시 웃어 주는 겁니다. 그리고 "어서 오세요!" 그저 "반갑습니다. 오시는 길 힘들지는 않으셨어요." 하고 반갑게 맞이하며 악수해 주세요.

 반드시 비행기 표를 끊고 여행을 다니는 것만 여행이 아닙니다.
 나와 생각이 다른 사람들의 생각을 엿보는 일도 여행과 같은 즐거움을 느낄 수 있습니다.

 그리고 대화를 나눌 때는 내 생각에 껴맞추려는 습관을 버리세요. 그냥 '내 생각은 똥이다.'라고 생각하세요. 이건 닭 좋아하는 사람들에게는 미안한 이야기이지만 그래도 닭똥입니다.

'내 생각은 꼴등이다.' 이렇게 생각을 하면 상대의 얘기가 귀에 쏙쏙 들어오기 시작합니다.

무슨 생각이든 상대의 얘기가 귀에 쏙 들어오는 순간이 바로 당신이 성공적인 인생을 살아갈 수 있는 훈련을 마치는 순간이 됩니다. 이제부터는 나도 당신도 다른 생각을 가지고 살아가는 사람들을 좀 더 다른 각도에서 바라보는 인생을 살아가기로 해요.

사주가 좋은 것보다
사랑하는 마음이 중요하다

　젊은 사람들이건 노인분들이건 관계없이 사주 보러들 많이 가십니다. 특히 여자들은 남자를 만나면 바로 직행버스 타고 가는 게 사주 관상 보러 갑니다. 저도 많이 가지는 않지만, 논현동에 있는 타로 점 보는 곳을 찾아간 적이 있습니다.

　너무나 용해서 다시 가야겠다는 생각을 갖고 있습니다. 저도 여자를 새롭게 만나 함께 가게 되었는데 타르 점 보시는 분이 보통은 넘으시더라고요. 이것저것 타르 카드를 만지작거리면서 점을 보는데 기똥 찰 만큼 잘 맞추더군요. 입이 '쩍' 하고 벌어졌습니다.

　귀담아들으면서 참고를 하자고 생각하게 되었는데 내 여자 친구는 그 정도가 아닙니다. 며칠 동안은 점 보시는 분이 전달해준 말을 그대로 믿고 실천하는 태도를 보이더라고요.

　모든 사주 관상은 아무리 들어맞더라도 결국 인생과 운명을 가꾸어 가는 건 자신들의 생각입니다. 사랑하는 사람들에게 가장 중요한 것은 점괘가 아니라 사랑하는 마음입니다.

사랑은 모든 것을 뛰어넘게 하는 중요한 에너지이지요. 그런데 우스운 것은 제대로 된 인연이냐 아니냐 맞느냐 아니냐를 알아보러 간 여자들의 태도입니다.

남자가 진실로 자신을 사랑하고 있고 어떠한 희생도 감내하겠다는 열의를 가지고 있는데 점괘가 좋지 않게 나오면 남자를 믿지도 못하고 우울한 상상에 빠지곤 한다는 것입니다.

생각이 부정적으로 재편이 되어 버리니 그들 사랑의 결과가 좋을 리 만무합니다.

남녀가 만나는 데 있어서 가장 중요한 것은 서로 사랑하는 마음입니다. 사랑이 모든 것을 승화시켜 주는 것이지요. 직장 운도 마찬가지입니다.

나의 운이 좋은 직장을 들어가게 하기보다 자신의 노력이 좋은 직장을 들어가게 하는 것이지요. 인생은 내가 얼마만큼 준비하느냐에 따라 나의 진로와 성공의 가능성이 달라집니다.

사정이 이러하니 너무 점괘에 의지하지 말고 스스로 노력하는 자세를 잃지 말아야 할 것입니다.

도전하지 않고 얻을 수 없다

도전이라는 거 쉽지 않습니다. 미지의 세계를 열어 가는 일은 대단한 용기와 결단을 요구합니다. 무수한 도전을 기다리고 있는 인생을 살아가는 우리는 망설이는 일이 적지 않습니다. 기회라는 것은 도전해도 잃고 도전을 하지 않아도 잃게 되는 경우가 있습니다.

그런데 인생은 도전의 결과가 나쁘게 나오게 될지라도 도전하지 않고서는 얻을 수 있는 게 아무것도 없습니다. 세상 이치가 그러한데 망설이면서 무언가를 얻고자 하는 젊은 사람들이 많이 있습니다.

겁도 나고 준비가 덜 된 원인도 있겠지요. 근데 도전은 준비를 마쳐서 하는 것이 아니라 준비가 덜 되었을지라도 몸을 던져 가는 과정에 준비를 하는 것입니다.

부딪혀서 얻는 경험은 성공이 필요로 하는 자양분입니다. 실패도 성공의 또 다른 이름이지요. 만약 지금 그대가 무언가를 시작해야 할 순간이라면 망설이는 시간을 줄이고 인생이라는 대양에 몸을 던져 보세요. 도전의 바다에 뛰어들어 보세요. 차가운 물에 몸을 던지면 몹시 차가워서 망설이게

아픈 청춘이 ───────

되지만 막상 들어가면 바로 면역이 생겨 그다지 차갑게 느껴지지 않은 것처럼 인생 살기도 그러합니다. 도전하는 순간 당신이 해야 할 일들이 눈앞에 펼쳐집니다. 그것은 도전하기 전에 알고 있는 지식보다, 준비물보다 더 많은 결과를 가져다줍니다.

가다가 넘어지면 어떻게 하지 염려하다 보면 아무것도 하지 못하게 됩니다. 도전하는 순간이 바로 성공의 순간입니다. 당신이 성공하기 위해 마음을 먹었다면 무슨 일이건 몸을 던져 보는 습관을 가져 보세요. 지금 당신에게 말하는 것조차 당신이 도전하는 것보다 큰 가치를 가지지 않으며 몸을 던져 도전해서 얻는 것보다 결과가 크지 않습니다. 당신은 오늘도 내일도 도전을 멈추지 말아야 합니다.

무수한 실패는 실패가 아니라 성공을 놓는 징검다리와 같기 때문입니다.

불행에 이끌려서 가지 마세요

세상에 불행하다고 느끼는 사람들도 많고 실지 불행한 사람들이 많이 있습니다. 당신도 나도 결코 많이 행복하지는 않습니다. 남을 위로할 여유도 없고 불행을 치유할 마음의 배려도 그리 많지 않습니다. 자신에게 닥친 불행이 크기 때문이지요.

놓인 현실이 정말로 불행하다고 해도 우리는 불행한 조건으로부터 탈출을 시도해야 합니다. 왜 내가 불행한가에 관해 탐구하고 그것을 개선하려는 의지가 있어야 불행이라는 먹구름은 점점 거두어질 수 있습니다.

그러한 노력을 하는 과정에서 행복이 조금씩 움트기 시작합니다. 행복은 불행이 만지고 껴안으면서 점점 그 색채가 희미해져 가게 됩니다. 자꾸 슬퍼하고 곁에 둘수록 불행은 더욱 자라나게 됩니다.

자신이 불행한 사람들이 정말로 불행한 것은 불행이라는 틀에 갇혀 지내기 때문입니다. 그리고 자신의 인생이 불행에 이끌려 가도록 허용하는 사람들이 적지 않습니다. 절대 금물입니다. 그만 스톱입니다. 불행은 잠시 머무는 나그네와 같습니다.

불행은 아교풀같이 딱 달라붙어서 자신을 불행하게 하지 않습니다. 어떤 마음을 먹고 불행한 조건을 살아가느냐에 따라서 우리는 신속하게 행복의 단계로 건너뛰어 갈 수 있습니다. 불행해도 나는 불행하지 않고 언젠가는 행복할 수 있다는 믿음을 키우고, 주어진 일에 최선을 다해야 합니다.

불행 속에서 불행의 마차에 타지 말고 행복의 마차를 타고 가는 마음가짐이 절실히 요구되는 시대입니다. 불행하다고 느끼는 그 자리에서도 행복은 자라고 있기 때문입니다.

슬픔을 두려워하지 마세요

슬픔이라는 거 면역을 키워 놓아도 막상 슬픈 일이 닥치면 별반 도움이 되지 않습니다.

이번만큼은 거뜬히 이겨내야지 각오하고 전의를 가다듬은 우리는 생각과 달리 또다시 지독하게 열병을 앓아야 합니다. 살면서 슬픈 일을 겪지 않은 사람이 없겠지만 때마다 우리는 넘어지는 순간을 겪어야 합니다. 그만큼 인간은 슬픔에 방치되어 있습니다.

방비가 안 되고 언제나 무방비 상태로 돌아가 버리고 말지요. 낮에 겪은 슬픔은 귀가해서 밤늦게까지 이어집니다.

왜 우리 인간은 지독한 슬픔에 계속 노출되는 것일까요. 많은 울음을 울고 간신히 그 자리에서 딛고 서서 희망을 얻고 살아가고 있는데 말입니다. 그래서인지 우리는 슬픔에 대한 두려움을 갖고 살아갑니다.

되도록 슬퍼해야 할 상황이 놓이지 않으려고 발버둥을 치기도 하고, 두려운 마음을 먹기도 합니다. 우리가 슬픔에 나약하게 무너지고 마는 것은 슬픔에 대해 두려운 마음을 먹고 있기 때문입니다.

멀리서 보지 않고 슬픔과 가까이 마주하기 때문이지요. 되도록 빨리 이겨 내지 않으면 우리는 폭 빠져서 견딜 수 없이 괴로워하고 무너지는 경험을 하게 됩니다. 그래서 생각을 한번 바꾸어서 해 볼 필요가 있습니다.

슬픔의 원인은 배신, 존재감 상실, 기대한 것에 대한 실망, 좀 더 나아지지 않는 여러 가지의 일을 겪을 때입니다. 이럴 때 많이 울고 나면 기분이 좀 나아지는 경험을 하게 됩니다. 마치 때마다 찾아오는 감기를 치르듯이 눈물로 처방을 하게 되지요.

그런데 너무 반복되다 보면 가슴속에 상처로 남겨지게 됩니다. 이겨 낸다고 하지만 면역력은 갈수록 약해지는 경험을 하게 됩니다.
과연 우리는 때마다 울어야 할까요.

그리고 지독하게 아파하며 뜬눈으로 밤을 지새워야 할까요. 몸져눕기보다 툭툭 털고 일어나는 방법은 없는 걸까요. 제 생각은 이렇습니다. 우선 슬픔에 대한 거부감과 두려움을 마음속으로부터 없애야 좋다는 생각입니다.

그리고 이것이 삶의 한 부분이라는 점을 냉정하게 받아들이는 습관을 가질 필요가 있다는 것이지요. 슬퍼하는 일 또한 가는 길에 전개되는 길가의 가로수 같은 것이라는 사실을 상기할 필요가 있습니다.
굳이 그러한 상황에 직면하는 것을 피하려고 할 필요도, 두려움을 가질 필요도 없다는 얘기입니다.

슬픔은 인간을 성장하게 하는 좋은 백신입니다. 누구에게나 찾아오는 손님이지요.

이런 모든 것이 쌓여서 하나의 삶의 원형을 만듭니다. 그래요, 우리 인생 가는 길이 이런저런 슬픔을 도중에 겪을 수밖에 없는 것이라면 그와 하나 되어 살아가려는 굳센 의지와 마음가짐이 필요합니다.

슬픔, 너도 나의 친구라는 생각. 결국은 너로 인해서 내가 성장하고 너로 인해 내가 더욱 행복할 수 있는 조건을 분별하고 살아갈 수 있다는 생각이 절대적으로 필요합니다.

아픈 청춘이

젊다는 것은 밑천이 아니다

혹시 당신은 젊음이 밑천이라는 생각을 갖고 계십니까? 그 생각은 나와 당신이 일치합니다. 젊음이 밑천이라는 결론에 이의를 제기할 사람은 세상에 아무도 없습니다. 젊다는 것 자체만으로 당신은 진귀한 보석이기 때문이지요.

설령 당신에게 닥친 입장이 부족하고 매일매일 시련의 등불 앞에 덴 삶을 살아갈지라도 당신은 세상 누구보다 앞선 희망입니다.

젊다는 사실에 후한 점수를 주는 건 당신에게는 언제나 기회를 찾아 나설 수 있는 시간적인 여유가 남아 있기 때문입니다. 젊음에 가치는 단지 젊은 것이 아닌 실패로 얼룩진다고 해도 그 실패를 쓸어안고 앞을 향해 달려 나갈 수 있다는 사실에 있습니다.

무엇을 할까! 무슨 일을 할 것인가! 밤새 밤바다에 나아가 고민으로 노를 젓고 있을 당신. 세상에 나가기 위해 밤과 낮의 경계선이 무너진 곳에서 힘써 일하고 있을 당신. 배운 지식대로 정의롭게 굴러가지 않고 기회조차 평등하게 주어지지 않는 불의가 난무하는 세상에서 당신이 고민을 키우며 힘겹게 삶의 바퀴를 굴리는 소리는 귓속에 메아리치고 있습니다. 그런데 그렇게 시대의 아픔을 걸어온 당신은 별다른 기회를 얻지 못한 채 방황하는 시간 여행을 하고 있을지도 모릅니다.

나의 고민은 여기서부터 출발을 합니다.

그래서 조용히 묻고 싶습니다. 세상 모두가 부러워하는 그 밑천을 제대로 활용하고 있는지 말입니다. 젊음을 밑천 삼아서 용기 있게 도전하기보다 시간의 소중함을 모른 채 부정적인 생각에 사로잡혀 보석에 녹스는 삶을 살고 있는 것은 아닌지 묻고 싶습니다.

젊음을 빛나는 가치로 규정하고 활용하기 위해서 당신은 멈추어 서지 않고 최대한 가치 있게 시간을 활용하는 여행에 나서야 합니다.

생산적으로 보내지 않는 젊음은 죽음의 덫입니다. 전 생애의 성공을 가늠하고 결정짓는 그 순간을 헛되게 보낸다면 그 젊음은 가치를 상실합니다. 그 삶은 젊음의 삶이 아니라 모든 것을 내려놓는 패배자의 삶입니다. 시간을 낭비하는 사람들이 많습니다.

게임의 전사가 되어 밤새우는 일을 즐기는 사람들이 너무나 많이 있습니다.

많은 젊은이가 좌절의 시대를 살아가게 된 것은 사회가 타당한 희망과 기회를 제시하지 못한 이유를 들어 볼 수 있으나 위대한 시기를 유용하게 지내지 못한 자신들에게도 책임이 있다고 생각합니다.

그런 점에서 단지 젊다는 것은 밑천이 될 수 없습니다. 시간을 낭비하고 있거나 부정적인 생각에 빠져 있거나 미래 살기의 준비를 제대로 하지 않는 젊음은 밑천이 아니라, 도약의 장애 요인이 되고 성장을 가로막는 댐이 되고 맙니다.

활용하지 않는 모든 젊음은 향락의 단초가 되고 실패를 부르는 주문과도 같습니다. 당신은 빠짐없이 그 시간의 주인이 되어야 합니다.

흔들림 없이 하나의 전문성을 키우든 아니면 지식 연마의 천리마가 되어 미래를 향해 달려가든지 해야 합니다. 단지 젊다는 이유만으로 여유를 부리거나 안일에 빠져 있거나 노력과 땀으로 채우지 않는다면, 당신의 미래는 태양이 사라진 어두운 미래가 되고 말 것입니다. 바로 지금의 그 시간이 백 년 인생을 성공적으로 살아가느냐 마느냐의 갈림길을 알려주는 신호가 됩니다.

힘이 들더라도 푸념하지 않고 스스로 달래며 기회를 안겨주기를 기다리기보다 찾아 나서는 탐구심. 아무리 어려운 조건일지언정 지치고 부정적으로 보내기보다 당찬 희망 찾기의 안내자가 되어 다가올 미래의 성공적인 자신의 인생을 위해 살아가는 수업을 게을리하면 안 될 것입니다.

만약 당신이 소속되어 있는 곳이 기업이라면 그 기업을 위해 무엇을 준비하고 어떤 역할을 통해서 기업 성장에 도움을 줄 수 있을 것인가. 또는 어떤 방법으로 나의 지식과 훈련받은 역량들을 모두 쏟아 낼 것인가! 고민과 열정의 시간 여행에 최선을 다해야 합니다.

당신의 회사는 단순한 일터가 아닙니다.

자신이 세계로 뻗어 나가기 위해 실험하고 준비하는 전진기지와 같습니다.
나아가 자신의 역량을 극대화할 수 있는 실험과 배양의 무대입니다.
그 시간을 주인으로 지내어야 합니다.
주인이 되는 것도 훈련이기 때문입니다.
한 번쯤 이와 같은 질문을 해보시기를 바랍니다.
회사는 무엇으로 존재하는가!
어떤 힘과 역량에 의해 존재하는가!
회사 성장에 기여하는 직원과 그렇지 않은 직원은 어떤 차이가 있는가!
나는 회사의 희망으로 존재하는가!
나는 회사 성장에 도움이 되고 있는가!
회사와 나는 어떤 운명으로 맺어져 있는가!
나는 내가 회사를 필요로 하는 사람인가!
아니면 회사가 나를 필요로 하는 사람인가!
이러한 질문이 당신의 젊은 시간을 최대한 효과적으로 보낼 기회가 되어
줍니다. 미래의 주인을 꿈꾼다면 먼저 그 시간의 주인이 되어야 합니다.

그곳에서 주인같이 일하면서 미리 주인이 되는 연습을 해야 합니다. 지
금 그대가 일하는 일터가 후일 제대로 된 주인의 면모를 갖추는 첫 번째
스승입니다. 인생은 어느 곳이든 주인처럼이 아닌 주인으로 일하며 살아가
는 것입니다.

저 미지의 대양을 열어젖히고 그대 몫으로 부여받은 생을 걸어가기 전.
바로 젊은 그 시점에서 무엇을 위해 어떻게 할 것인가! 뚜렷한 이해와 합

아픈 청춘이   ————

당한 결의가 자신의 마음속에 대숲을 이루어 크게 요동치고 일렁거려야 합니다.

남겨진 시간에 관대하지 말고, 젊다고 나태의 체면에 걸리지 말며, 가진 것 없음에 원망을 양육하지 말고, 가지 않던 길을 가게 되었다고 두려움에 나포되지 말며, 초조함이 싹트는 것을 허용하지 마세요. 길은 그 길을 걸어가는 자의 무덤이 됩니다.

먼지로 뒤덮인 저 생의 들판에 오직 희망의 씨앗을 심는 농부가 되고 현재를 능숙하게 다루며 다가오는 미래를 점령하는 성공의 전사가 되기 위해 젊음을 활용하는 그대가 되기를 바랍니다.

그 시간에 바라는 것.
불의에 맞서 저항하고 공의를 정착시키기 위한 비판을 즐기며 역사의 정의에 반하는 부당한 조짐들에도 냉엄하세요. 마땅히 수호해야 할 진리를 가슴속에 쓸어 앉고 가까이 보호막이 되어 주었을 때 그대는 비로소 온전히 젊음입니다.

그대에게

하나의 시련은 하나의 훈장을 만들어 안겨 줍니다.

그대 오늘

넘어짐을 애석해하지 말고

시련과 동거함을 기피하지 마세요.

지금 당장 힘이 들고 피곤함이 가까운 장래에는

성공을 낚는 그물이 되어 줍니다.

절실하다 할 만큼 흔들리며

생의 막힌 통로를 걸어가는 그대여!

비가 오는 날에도 하늘은 해를 품고

그대를 응시하며 안내자가 되고 있음을 기억하고

암울한 시대의 위기에 굴복하지 않는

용사가 되세요.

반드시 자신이 원하는 길에 당도한 사람은 많지 않습니다.

꿈꾼 그대로

흔들림 없이 걸어가도록 허용하지 않는 게 인생입니다.

각자의 꿈은 변화를 거듭합니다.

능력과 배움과 기술도 변화를 거듭합니다.

따라서 자신이 원하지 않는 길을 가고 있을지언정
어제보다 좀 더
그대가 걷고 있는 길을 사랑하세요.
성공하기 위해서는 언제나 놓인 길에서
최선을 다해 걸어가야 또 다른 길이 됩니다.

어떤 조건에서건 그대의 인생이 도전을 허용하고 그대가 적극적으로 도
전을 즐긴다면 그대는 오래도록 희망적인 존재가 됩니다.

자기를 격려하는 일에 인색하지 마세요.
그 격려는 배를 저어 가는 노와 같이
그대의 인생이 긴 항해를 건너가는데 진정한 벗이 되어 주고
비참하게 혼자가 되었을 때 그 위기를 벗어나는 데 필요한
밧줄과 같은 역할을 해주기 때문입니다.
우리를 흔들리지 않도록 지켜주는 것은 배운 지식이 아니라
스스로 기운을 북돋아 주는 위로와 격려입니다.

요행을 바라고 사는 건 음주 운전보다 더 위험한 일입니다.
너무 기대고 살면 스스로 일어서는 일을 잊어버리게 됩니다.

무슨 일을 하건 미쳤다는 소리를 들어야 오를 수 있습니다. 그 소리를 따
갑게 들었을 때 인생을 우뚝 서는 기회를 가질 수 있습니다.

받은 결과가 적은 것에 분노하기보다 자신의 노력이 적었다는 사실을 고백
할 때, 삶은 그대를 더 나은 단계로 격상시키는 진보의 기회를 제공합니다.

혼신의 힘을 다해 매진하여 결실을 얻지 못한 자 없고 인생은 지금껏 노력하는 자의 노고에 따라 포상을 내려주지 역할을 마다한 적이 없었으니 우리가 삶에 속았노라 푸념하는 태도가 결코 정당하다고 말할 수는 없습니다.

대다수의 사람은 능력이 부족해서 경쟁에 밀리는 것이 아니라
노력이 부족해서 패배하는 것입니다.

부정적인 생각만 줄여도 그대의 희망은 지금보다 크게 자랍니다. 지금 그대에게 희망이 부족하다면 그대의 머릿속에 있는 부정적인 생각을 단 10%만 줄여 보세요. 그렇게 해도 그대의 희망은 그전보다 제법 더 크게 자랄 것입니다.

지금 무엇이든 잘할 수 있는 자신감을 가지세요. 그리고 정말 무엇이든 잘할 수 있는 능력을 배양하는 일에 최선을 다하세요.

아픈 청춘이 ————

청춘은 열쇠다

무엇이든
열어 갈 수 있는….

귓속말

힘써 싸워 이겨요.

이기지 못하면

아프게 넘어지는 거예요.

그래도 믿어요.

그대 다시 일어나

최선을 다하리라는 것을….

왜?

왜!

안 된다고 말하면 안 되지요.

될 거라고 할 수 있다고 생각하며

죽으라고 살아도

살기 힘이 드는 세상인데

안 된다고 말하면

그 인생

제대로 굴러가겠어요.

오늘 그대가 안되었다면

안 된다고 한 말이 쌓여 안된 것이고

오늘 그대가 무엇인가 해내었다면

된다고 하는 말들이

하루하루 쌓여서 그리된 것입니다.

알파고 인간

알, 알바 여럿 돌면서

파, 파김치가 되어 열심히 일해도

고, 고생한 보람을 얻지 못하는 젊은이

마음

다스리면 이깁니다.
다스리면 도달합니다.
다스리면 성취합니다.
이게 먼저입니다.

청년에게 고함

가진 거 배운 거 없다고
불만 키우지 말고
머리 단단하게 하는 일
꼭 잊지 말고 사세요.
인생 살아가는 동안
맨땅에 헤딩해야 할 일
참 많습니다.

긍정적인 생각에 대한 한마디

이거 없으면
제대로 살아가지 못하는
인생의 심장입니다.

어떤 젊은이와 어른의 대화

목숨만 부지하고 삽니다.

불알 두 쪽밖에 없습니다.

볼품없는 인생이지요.

젊은이,

그 목숨 세상에서 가장 소중한 것이고

서는 불알 두 쪽이면

사람 대접 받아요.

좋은 건 다 가지고 있으니

힘껏 사소.

지금보다 이렇기를…

지금 그대가 처한 환경보다

더 새로운 세상을 꿈꾸는 그대이기를….

변화의 가치를 찾는 일에

그대 열정을 남김없이 바치기를….

세계를 주도하는 모범이 될 인류 문명을

만들어 가는 데 관심이 있기를….

자신의 재주와 역량을 갈고닦아

널리 세상을 이롭게 하는 데 사용하기를….

머지않아 다가올 미래를 점령하고

주인 되는 데 앞장서 달려가기를….

맞서기 힘든 위기와 마주하며

단숨에 뛰어넘는 전사가 되기를….

부족한 것을 탓하지 않고 때가 지났다고

불만 갖지 않으며 불가능한 일과 마주해 승리하기를….

용기 되기를… 희망 되기를….

이것이 창조적 인간이 되어 운명을 리드하는

미래 지도자의 전형입니다.

삶이 그대에게

삶이 그대에게
상처와 시련만 주었다고
원망하지 마세요.
슬픔만 주었다고
투정을 부리지 마세요.
삶은 언제나 또 언제나
그대가 실패로 상처를 입고도
어둠의 마녀에 포박당하지 아니하고
묵묵히 그 길을 순례하듯
걸어간 끝 지점에
희망이라는 다리를 만들어 두었기 때문입니다.

위기를 벗어나는 방법

1

위기가 자신을 잡아먹는
괴물이라고 생각해 보세요.

2

위기가
한주먹에 아웃시키는
좀만 시키라고 생각해 보세요.

3

위기가
새롭게 만난 여인이라고 생각하고
불편 없이
동거를 시작하세요.

미워하는 상대에게서
벗어나는 방법

1

미움이 싹트고
그 미움 때문에 괴롭거든
미워하지 않으면 됩니다.
다만 그리하려면
제정신 가지고는 쉽지 않습니다.

2

미워하는 마음 때문에
한순간도 살아갈 수 없다면
망설이지 말고 가시 있는
생선을 먹게 하세요.

3

이래도 좋고 저래도 좋던 사람이
이래도 밉고 저래도 밉다면
이리 쥐어박고 저리 쥐어박아 버리세요.
그래도 가시지 않거든
힘껏 헤딩!

4

그래도 마음 가시지 않거든
모든 게 내가 부족한 탓이라고
마음을 바꾸어 보세요.

5

대다수의 사람에게서 배울 점이 있다고
인정하지 않고서는
당신의 비즈니스와 인간관계는
성공적이지 못할 뿐 아니라
언제나 위태로울 수밖에 없습니다.

6

사람들 앞에서 잘난 척을 하는 순간
상대는 자기가 주고 싶은 좋은 기술

지혜, 정보 등을 즉시 감추고 배척이나
비난의 에너지로 바뀌고 말아요.
내가 가지고 있는 재회를 잃어버리는 것만
손실이 아니라 상대로부터 받을 수 있는
교류의 가치와 기회를 잃어버리는 것도
엄밀히 따지면 손실입니다.

7

나보다 못한 사람을 대상으로
삼아 위로를 삼기보다는
나보다 나은 사람을 대상으로 삼아
꿈을 키우는 것이 위안도 크고 발전이 있습니다.

8

부족하다고 느끼는 것이 지혜가 아니라
부족한 것을 채우기 위해 노력을 했을 때
비로소 지혜라 할 수 있습니다.

9

오늘은 어제보다 행복해지자고
자기 암시를 하고 시작해도
우리는 분명 어제보다 행복할 수 있습니다.

행복을 갖는 일이
그리 어렵지 않다는 것을 보여 주는 대목입니다.

첫 번째로 멋진 행복은 사랑입니다.
두 번째로 멋진 행복은 자신이 원하는 일을 하는 것입니다.
세 번째로 멋진 행복은 가진 것을 조금씩 내려놓는 것입니다.

10

고통을 이겨 내면 행복으로 바뀌고
만족하지 못하면 불행으로 바뀝니다.

11

기성복보다는 맞춤옷을 입을 때
훨씬 맵시가 있고 만족감도 큰 것같이
행복이라는 것도 내가 원하는
기준을 만들어 놓아야 만족감이 큽니다.
남들이 행복해하는 기준을
내 행복의 기준으로 삼지 마세요.
상대가 행복하다고 느낀다고
나까지 행복하지 않기 때문입니다.
행복은 마치 맞춤옷과 같습니다.
내게 잘 맞는 행복을 찾을 때
비로소 행복은 오래도록 내 곁에 머물게 됩니다.

12

사랑을 주고도 준 만큼 되돌려 받지 못하는 것은
결함이 있는 사랑을 하고 있다고 보면 적절합니다.
진정한 사랑은 반드시 내가 준 것
이상으로 되돌아오게 되어 있기 때문입니다.
사람은 행복한 순간을 행복이라고
긍정적으로 받아들이는 데 인색하기 때문에
더 많은 행복을 갖는 데 실패를 하게 됩니다.

13

행복의 기준을 머리에 두지 말고 가슴에 두세요.
그리하면 더 많은 행복을 발견하는 시야를 갖게 됩니다.
사람도 가슴에 담으면 사랑의 깊이가 더해지는 것과 같습니다.

14

딱 이만큼만 행복했으면 좋겠다고
생각하는 순간부터 행복은 열립니다.
행복이 어디에 있냐고
질문하는 것은 답을 얻지 못합니다.
무엇으로 행복을 느낄 것인가
질문할 수 있을 때만
우리는 비로소 행복과 자주 만날 수 있습니다.

아픈 청춘이 ————

15

버린 것에 연연하면
나중에 내가 버려집니다.
달려온 정거장에 다시 가면
달려온 길만큼 버리게 됩니다.

16

사람을 미워하는 일은 엄밀히 따지면
자신이 무너지는 함정에 빠진 거와 같습니다.
내가 미워하는 상대는 미워하는 만큼
아파하지도 잘못되지 않습니다.
상대를 미워하는 만큼
다치는 것은 자기 자신입니다.
남을 미워하는 것은
결국, 나를 미워하는 꼴이 되지요.
그러므로 가장 조심하고 신중해야 하는 것이
바로 사람에 대한 미움입니다.

17

만약 당신이 개똥이라고 생각한다면
그날로 개똥이 같은 인생을 살게 됩니다.
이처럼 그 사람의 생각은
인생 살기의 운전대가 됩니다.

18

혁신이 희망이 됩니다.

우리가 꾸미고 설계하는 일들은

언제나 우리의 평소 생각과 기준대로 결정됩니다.

좀 더 좋은 방법을 찾는 기술은

우리가 생각하는 것 이상의 결과를 안겨 줍니다.

실험적이지 않으면 같은

방법과 결과 안에서 맴돌게 됩니다.

혁신은 변화를 주도해 내는 힘입니다.

좋은 결과에 남보다 빨리 도달한 사람들을 보면

그들이 택한 방법은 혁신적이었음을 알 수 있습니다.

모두가 한결같은 틀을 고집해 가는 것은 혁신이 아닙니다.

혁신은 반대 방향에서 나옵니다.

한곳을 응시하면 전방만 보게 됩니다.

이건 혁신이 아닙니다.

안전한 곳에서 기생하는 무리를 보면

별다른 차이점을 느낄 수 없습니다.

우리가 무리 지은 생각으로부터

탈피하지 못하는 것은

대다수가 그렇게 생각하고 있다는 관념이

우리를 지배하고 있기 때문입니다.

세상이 차갑다고

　세상의 온도는 차갑지요. 그대가 말하는 푸념은 정확하게 맞습니다. 그런데 그 말과 생각은 차가워진 세상의 온도를 따스하게 할 수 없어요. 아무런 대책을 마련하지 않고 모두가 그렇게 말을 하다 보면 세상은 우리가 맨발로 서 있을 수 없을 만큼 더 차가워져 갈 거예요.

　아직 많은 시간을 함께 살아가야 할 세상이라면 더 이상 차가워지지 않게 우리가 노력해보는 건 어떨까요. 남들이 세상을 차갑게 하는 동안. 우리는 우리 마음의 온도를 더욱 따스하게 올려 주는 거예요. 내가 온도를 올려 놓고 부지런히 헌신하는 동안 나의 배려로 인해 더 이상 차가워지면 살아갈 수 없는 누군가는 생명을 부지하며 살아갈 수 있습니다.

　남이 온도를 내릴 때 함께 온도를 내리지 않고 나만큼은 세상의 온도를 따스하게 만들려고 노력해야 합니다. 지금 세상이 차갑다고 불평하는 이 순간 누군가 자신의 온도를 따스하게 만들어 가는 사람들 때문에 내가 얼어 죽지 않고 견디며 살아가고 있는 것인지도 모르는 일입니다. 자신에게 상처를 안겨 준 상대를 용서하지 않고서는 우리 마음속에 있는 상처를 절대로 치유할 수가 없습니다.

불씨가 남아 있는 미움은 언젠가는 다시 점화됩니다. 말끔히 용서하지 않는 한 언제나 상대는 자신 속에서 불씨로 존재합니다. 나쁜 기억과 오해, 그로 인한 증오, 원한 등이 재차 되살아나서 우리 자신의 내면을 파괴하게 되는 데에는 모두 저마다 미움의 불씨를 끄지 않았기 때문입니다.

미움과 원한의 불씨는 용서와 사랑의 힘만이 끌 수가 있습니다. 원수를 사랑하는 일은 곧 나의 구원으로 직결됩니다.

노력은 성공의 거울

요즘은 순간적인 착상을 높게 여기고 노력을 경시하는 시대인 것 같습니다. 사실 노력만큼 훌륭한 발명은 없는데 말이지요. 무수하게도 훌륭한 착상과 아이디어가 개발되지 않고 묻혀 버려지고 있습니다.

노력은 발명의 거름입니다. 멋진 발명을 했다고 해고 노력과 수고를 바치지 않으면 사라지고 말지요. 대충해 놓고 내일을 맞이하는 사람들이 많다고 합니다. 땀 흘려 열심히 일해 본들 결과가 작으니 노력을 하나 마나라고 생각하기 쉽지요.

결과가 작은 것은 노력의 대가를 작게 챙겨 주는 사회 시스템에 문제가 있지 않고, 그 자신의 노력이 적다고 생각하는 것이 옳은 판단입니다.

노력은 결코 눈금을 속이지 않습니다. 노력이 4면 결과도 4가 됩니다. 행운이 따르는 사람은 제외하겠습니다. 노력은 성공의 거울입니다.

노력을 통해서 얻을 수 있는 게 많이 있습니다.

"어느 정도 노력을 했어요?"라고 물을 때 정말 노력을 많이 했는데 결과가 시원치 않다고 생각하는 사람은 이제부터 생각을 바꾸어 보세요.

너무 힘들다는 고개를 스무 번씩 열 번을 넘어서야 비로소 성공은 자신에게 들어올 수 있는 사다리를 내어줍니다.

아픈 청춘이 ————

둘러보는 사색의 상점

1

한 번도 인생의 쓴맛을 보지 않으면
인생의 맛을 모르고 살게 됩니다.
마치 과수원에 들어가서 과일을 따서 먹지만
과일 맛을 모르고 먹는 것과 같습니다.
무엇일까?
그것은 쓴맛입니다.
인생의 쓴맛을 맛보지 않으면
맛이 없는 여행이 될 수도 있습니다.

2

도전은 몸을 던지는 것이 아니라
마음을 가다듬는 것입니다.
길이 막히었다고 마음이 막히면
가는 길은 더 이상 길을 내주지 않습니다.

3

한번은 실패를 해야
성공의 맛을 이해합니다.
일부러 넘어질 필요는 없으나
넘어짐을 거부하지 마세요.
다가온 것이 있으면 나가는 것이 있듯이
언젠가는 일어서는 때가 다가옵니다.

4

달콤하게 속삭이는 사람의 말들이
나중에 독이 됩니다.
쓴소리 단 소리 두 가지를 이해하고
받아드리는 연습을 하라.
불만은 잠재워지고
세상 모든 사람이 스승으로 보이는
시절을 맞이하게 됩니다.

5

욕심은 과욕이 아닙니다.
욕심에 취했을 때
과욕이 되는 것이다.

6

불행한 청춘은 없다.
불행하다고 느끼는 청춘이 불행입니다.

7

이겨낼 수 없는 상황이 다가온다면
그건 그대의 눈높이가 균형을 잃어버렸다는
사실을 증명하는 일입니다.

8

세상을 원망하는 생각이 자신을 감싸고 도는 순간이 오면
세상이 원망할 만큼 아프게 돌아가는 것이 아니라
평소 무엇이든 원망하고 부정적으로 생각해 온 것이 쌓여서
세상을 원망하는 시각을 갖게 된 것입니다.

9

실패는 어느 한날 갑자기 오지 않습니다.
실패할 수밖에 없는 생각들이 쌓여서
실패하는 것입니다.
우물이 갑자기 넘치지 않고
구름이 비를 갑자기 쏟아내지 않습니다.

10

행복의 출발지는 어디이고
정거장은 어디일까요!
그것은 우리의 마음입니다.
출발을 제때 하지 못하거나
생각을 잘못하고 시작하는 인생은
언제나 행복이 멀리 날아가게 되어 있습니다.

11

가진 것이 없을 때가 시련이 아니라
갖기 위한 노력을 다하지 않을 때가 시련입니다.
아무리 세상이 힘들다고 하지만
노력한 만큼의 대가를 줍니다.
평소의 생활습관이 가난을 부르고 실패를 부르지
노력하고 있는 자에게 가난이 와서 자리를 잡지는 않습니다

12

세상에 기회가 없는 것이 아니라
기회를 알아보는 눈이 부족하기 때문입니다.
기회는 언제나 새로운 사고를 가진 자에게 돌아옵니다.
기회는 언제나 현재를 치유하고
더 나은 단계로 격상 시킬 수 있는
좋은 방안이기 때문입니다.

13

부정적인 생각은 절망을 구워내는

대장간과도 같습니다. 대다수 세상의 모든 절망은

자신의 인생 설계를 잘못한 데서 옵니다.

댐이 하루아침에 무너지지만

이미 금이 가기 시작한 때가 쌓여 온 것입니다.

14

인생은 삭막한 경쟁 사회이지만

서로를 바라보고 뒤에서 밀어주고 앞에서 끌어 주면서

경쟁을 할 수 있다는 점에서 해 볼 만한 도전입니다.

혼자 달려가는 것은 달리기 스포츠입니다.

인생 달리기는 손을 잡고 달릴 수 있습니다.

마음에 여유를 갖고 출발점에서 서세요.

15

그대의 머리와 가슴은

새로운 세상을 여는 문제로

가득 차고 넘쳐야 합니다.

놀고도 먹는 삶보다 부딪혀서 얻는 인생은

참으로 아름다운 열매를 가져다줍니다.

도전하지 않으면 당신의 세계는

작아지고 세상에 할 일도 없으며

도전으로부터 얻어지는

기쁨을 만끽할 수 없습니다.

16

우주가 왜! 넓을까요?

그것은 도달하라는 것을 알려 주기 위함입니다.

이르고 도달하세요.

그리고 점령하고 다스리세요.

이것이 하나님이 인간에게 준 사명입니다.

나태 복지에 눈을 돌리지 마세요.

알아서 복지에 길들지 마세요.

나태와 안일의 늪에 그대 자신을 몰아넣고

생명력을 죽이는 어떠한 혜택도 거부하십시오.

그것이 그대가 젊음을 위대한 시간 여행으로 만들 수 있는

유일한 방안이기 때문입니다.

17

남이 나의 인생을

어찌해 주겠지 하고 기대는 것은

운명의 키를 남에게 주는 것입니다.

택시 운전사가 운전을 거부하고

승객에게 운전하라고 하면

그것은 말이 되지를 않습니다.

18

고난은 친구와 같습니다.

그것은 침묵의 친구입니다.

때로는 아프게 하고 시련의 골짜기로

밀쳐 넣을 때도 있으나 결코 배신하는 일은 없습니다.

반드시 젖과 꿀이 흐르는 길로 그대를 안내합니다.

그래서 고난은 다가오면 상처를 남기지만

반드시 그 상처를 치유하고 열매를 놓고 사라져 갑니다.

19

굳이 자신을 이기려고 하지 마세요.

자신을 이긴다고 세상을 이기는 것은 아닙니다.

단지 편안하게 놓아 두세요.

자극을 주기보다 평온한 상태로 놓아 주는 것이

세상을 이기는 진검이 됩니다.

20

우주는 반응의 역사를 가지고 있습니다.

그리고 우리 각자의 소망을 관장하며

소망한 대로 모두 이루어 주지는 않으나

적어도 그대의 노고를 기억하고

그만큼의 포상은 준비해 줍니다.

어깨를 짓누른 그대의 고민과 번뇌는

곧바로 우주 속의 품에 안기게 됩니다.

그대가 오늘 실패를 한 것은
어느 한날 중에
실패를 부르는 생각을 하고
살아온 흔적이 있기 때문입니다.
땅에서만 콩 심은 데 콩 나고
팥 심은 데 팥이 나지 않습니다.
우주는 우리 각자 생각의 밥입니다.

21

영혼의 찬가를 부르는 그대는
아름답고 고귀한 존재라는 사실을
두고두고 간직하며 살아가게 만듭니다.
우리를 이끄는 것은 반드시 정해진 목표만이 아닙니다.
우리를 살아 숨 쉬게 하고 활동적으로 만드는 것은
내재된 영혼의 규율입니다.

22

모든 승부는 완벽하지 않습니다.
성공은 패자 부활전이지 완승이 없습니다.
사람들이 승부에서 이겼다고
성공의 잔치를 하고 있을 뿐입니다.
우리는 언제나 과정 속에 있을 뿐입니다.

아픈 청춘이 ────

23

위대한 삶이란, 자신이 정한 목표가 아니라
그 목표 속에서 행복이라는 열매를 딸 수 있어야 합니다.

24

중간에 포기하면 목표는
좌초되기 마련입니다.
흔들리는 목표를 머리에 두고서
걸어가는 것은 움직이는 과녁에
화살 시위를 맞추는 꼴이 되고 맙니다.

25

산이 없는 들판을 걸어가지 마세요.
언덕에서 불어오는 광풍이 없다면
언덕을 오를 필요가 없습니다.
놓은 곳이 정상이 아니라
멈추지 않고 걸어가게 하는
모든 것은 정상의 가치가 있습니다.

26

힘든 일은 하늘에서 내리는 비같이
평생을 내립니다.

평생 비옥한 땅에서 살아간다고
시련이 없지는 않습니다.
인생 걸어가는 길에
이런저런 아픔이 없을 수는 없습니다.
아침에 일어난 당신이 우울하다면
당신의 생각을 바꾸면 치유가 되는 일입니다.

27

도전은 빈곤 속의 풍요를 알리는 나팔과도 같습니다.
살펴서 가는 길이 안전하지만은 않습니다.
중요한 것은 도전을 걸어가는 사람의 마음가짐입니다.

28

행복이 목표가 되었을 때
삶은 풍랑이 줄어들고 내면의 고통도 줄어듭니다.
그러나 목표가 행복이 아닌 물질이 되었을 때
인생은 격랑의 파도를 저어 가게 됩니다.
무엇으로 목표를 정하느냐가 인생의 성공을 가늠합니다.

목표가 정해졌으니
삶이 소용돌이를 쳐도 좋다는 생각은
이제 그만해야 합니다.

아픈 청춘이 ————

서로 다치지 않을 만큼

사랑하는 동안은 앞뒤 안 재고 사랑의 마차에 몸을 싣고 앞만 보고 달려 가는 사람들 많이 있습니다. 남녀가 사랑에 빠지는 것을 두고 옛사람들은 귀신에 씌었다고 말할 정도이니 그 사랑의 열병이란 평범한 사람을 유별 난 사람으로 만들어 놓는 신비한 묘약이 분명합니다. 사랑은 영혼의 몸살 입니다.

저 역시 영혼의 몸살을 많이 앓아 왔습니다. 몸살을 앓을 때마다 느끼는 것은 사랑하면서 내게 다가오는 상처가 적지 않다는 사실입니다. 특히, 앞 뒤 안 재고 문지방을 널뛰듯이 사랑의 대상을 넘나드는 사람들은 저와 같 이 사랑의 크기만큼 되돌아오는 상처의 화살을 받아내야 합니다.

사람들의 마음이 두루 제 마음 같지 않아서 한쪽의 온도가 1,000℃이면 한쪽은 200℃ 또는 500℃ 정도가 됩니다. 사랑하는 사람들은 "서로 사랑 하니까 우리는 서로 똑같은 마음으로 사랑하고 있지요."라고 설명을 합니 다. 똑같은 느낌을 느끼고 감정의 사이클을 유지하고 있는 연인들은 세상 에 없을 것입니다.

사랑은 좋을 때 사랑이고. 돌아서면 잊히는 신기루와 같고. 헤어지면 아쉬운 것이 아니라 아깝다는 생각이 들게 하고. 곁에 잠시라도 없으면 옆구리가 시리다고 성화를 부려 보아도 막상 헤어지면 저절 벗어난 것은 하나님이 돌보시고. 부처님께서 어렵게 베푼 자비라고 손뼉을 치는 게 사랑의 사나운 인심이기도 합니다.

하루라도 얼굴을 보지 않으면 당장 태양이 뜨지 않을 것처럼 매달리던 사람이었는데 이제는 마주치지 않고 살아야 하는 원수지간이 되기도 합니다.

그대가 말하는 것은 밤을 홀딱 새워도 달콤한 물약 같은 영혼을 울리는 서사시였고 바로 곯아떨어지는 자장가였는데, 정떨어지면 말하는 소리는 마귀입니다. 서당 문 앞에서 개 잡는 소리 같고, 오던 잠도 화들짝 깨게 하는 귀신 잡소리로 들리게 합니다.

상대와 헤어지면 못살 것 같으나, 시간 지나면 지금의 열병은 열병이 아닌 정도의 큰 열병을 불러일으키는 사람을 만나게 됩니다.

사랑한다는 고백조차 미친놈 헛소리 중에서도 상헛소리 같습니다. 사랑할 때와 사랑하지 않을 때 보이는 차이점이 너무 다른 결과를 보여 주니, 이거 해야 하나 말아야 하나 조바심에 겁을 집어삼키는 사람들이 적지 않을 듯합니다.

그러나 겁을 먹지 마세요. 사랑은 인생의 등불입니다. 그리고 쉬었다 가는 정자와 같은 것입니다. 그나마 냄새나는 동물인 우리 자신을 가장 가치 있게 사랑해 주고. 또 상대를 사랑할 수 있게 만드는 열병의 보물상자와 같은 것입니다.

주제를 많이 벗어나면 작가라고 할 수 없으니 재차 회전해서 방향을 잡아 보겠습니다.

무조건 온몸을 던져서 사랑하기보다는 사랑의 경계선이 필요합니다. 모든 것을 바쳐야 사랑이 지켜진다고 하는 생각에서부터 자릴 털고 일어나 나오시기 바랍니다. 사랑을 무조건 퍼 주면 상대의 마음을 움직일 줄 아는 사람들은 잠깐 하고 자신의 행동을 조절하는 시간이 필요합니다.

내가 아무리 상대를 사랑한다 한들 상대의 마음이 이를 받아 주지 않으면 이건 부담으로 다가갑니다. 내 사랑을 듬뿍 주는데 그 마음과 그 정성이 상대의 마음속에 그대로 착지하지 않고 부담이라는 문 앞에서 입장 불가 판정을 받게 되지요. 이러한 사실도 모르고 계속해서 사랑이 어쩌고저쩌고 주절대다 보면 사랑하는 만큼 상대로부터 미움을 받거나 사랑의 단절이라는 위기를 불러오게 됩니다.

요즘 사랑은 이기적으로 바뀌었습니다. 한번 만났으니 죽을 때까지 변치 말고 검은 머리 파뿌리 되고, 소양강 고깃배 없어질까지 죽을 먹든 밥을 먹든, 엎어지든 코 깨지든 싸우다가 웃다가 한 생을 살아 봅시다. "장님이 되면 손발이 되어주고 굶어 죽은들 그대 곁에서 편안하게 잠들겠소. 어화 둥둥 내 사랑이오."

이런 애절한 노랫가락 울려 퍼지던 시대는 지나갔지요. 넘어진 사람을 일으켜 세우는 게 사랑의 인심이기도 하지만 넘어진 사람의 손을 놓고 줄행랑치듯이 가 버리는 게 요즘 사랑이 가진 각박한 인심입니다.

남자는 죽을 때까지 사랑하는 대상을 찾고 여자는 죽을 때까지 위안을 받고 의지할 사람을 찾습니다. 사랑은 우리의 기나긴 인생과 동행하는 철로와 같습니다.

미뤄 놓아도 살 것 같으면 모르되, 사랑을 하면서 인생을 살아가야 한다면 사랑은 하되, 되도록 상처를 많이 받는 일은 피하면서 살아갑시다. 상대가 부담을 주는 사랑은 하지 맙시다.

적당히 거리를 두고 잽을 날리듯이, 조금씩 앞으로 나갔다가 뒤로 뺐다가 요리조리 살피면서 군불에 밤을 익혀 내듯이 타오르는 한낮의 뜨거운 태양 아니라 황혼의 불빛 같은 적당한 온도로 사랑을 해도 익을 것은 다 익혀 내어줍니다. 찌개가 잘 끓고 있는데 불을 더 세게 하면 국물이 바깥으로 새어 나오지요.

고기가 다 익었는데도 불을 세게 해 놓으면 고기가 다 타 버리고 말지요. 이렇듯이 사랑에도 생존 전략이 필요합니다.

사랑의 상처 때문에 죽는 사람들 허다하지요. 사랑의 상처 때문에 상대를 죽이기까지 합니다. 그만큼 열병에 제대로 걸린 사람들이요.

나의 운명 앞에는 나를 사랑하고 인연을 맺으려는 사람들로 줄을 서고 있습니다. 다음 사람을 위해 너무 많은 에너지를 낭비하지 마세요. 약간의 거리를 두고 하는 사랑이 건강하고 오래갑니다.

물질로부터 자유 선언

앞으로 무엇을 해야 한다고 설정한 그다음부터 판단과 행동 규범을 움직이는 에너지는 바로, 욕망이라는 그릇입니다. 욕망을 그 자신 인생의 운전기사로 채용하고 있기에 우리의 설계는 언제나 불안전하고 불만투성이가 됩니다.

만족이 없는 삶이 없다고 하는 말은 가설보다 더 논리에 맞지 않습니다. 우리에게 만족스러운 삶은 아주 가까운 곳에 존재합니다. 다만, 우리는 모두 아주 가까운 곳에 있는 만족스러운 삶으로부터 아주 멀리 줄행랑치며 살아가고 있습니다.

무엇이든 만족할 수 있는 사람이 행복을 가장 빨리 찾고 가장 오래 갖고 살아갑니다. 내 욕망의 속도는 지금도 과속으로 달려가고 있습니다. 어린 아이보다 어른들이 갈수록 과속을 내며 살아갑니다. 어른의 생각은 결코 현실을 벗어나지 않기 때문입니다.

'물질은 결코 인생의 전부가 될 수는 없다.'라고 생각하지 않고 살아가는 사람은 한 사람도 없습니다. 논리적으로는 합리적 결론에 도달해 있으면서 살아가는 방식은 전혀 같지 않습니다. 인간이 자신이 누리고 가진 것보다 불행하다고 느끼며 살아가는 것은 주어진 조건 안에서 만족의 기준을 설계하면서 살아가기보다는 더 많은 것을 갖기 위해 고심하는 삶을 살아가기 때문입니다.

우리가 물질을 숭배하고 그 물질로 상상할 수 없는 높이로 제단을 쌓는 것은 단지 행복하기 위해서가 아니라 우리 내면에 들어차 있는 불안한 마음을 없애기 위해서 그러는 것입니다.

많은 것을 갖지 않으면 불안하게 변해 버린 자신을 누구나 발견할 수 있습니다. 자기는 예외일 거라고 큰소리쳐 보지만 치열한 생존 경쟁 앞에서 발가벗겨진 채 물질에 의탁해 버린 자신을 어루만지며 위안으로 삼아야 하는 사람들이 바로 우리 자신입니다.

정말로 어제보다 행복하기를 바라는가요! 진실로 행복하기를 바란다면 누구나 시행착오 없이 매일매일 더 나은 행복을 움켜쥘 수 있습니다. 다만 지금까지의 고정관념으로는 어제보다 더 행복한 단계로 도달할 수 없습니다. 행복은 행복하기 위한 준비 과정이 있을 때 도달할 수 있습니다.

아주 간단한 등식이지요. 그런데 당신과 나는 어느 순간부터 이와 같은 준비 과정을 망각하며 살아가고 있습니다. 어제보다 오늘, 오늘보다 내일 더 행복할 방법을 여러분도 깨닫고 있었지만, 어느 순간부터인가 망각하며 살아가기 시작한 것이지요.

우리에게는 충분한 이유가 있습니다. 하루를 살아내기가 여간 힘이 드는

아픈 청춘이

게 아니지 않습니까? 사람들이 불행한 것은 다른 행복의 동기를 찾는 일에 부지런하지 않거나 물질만능주의 같은 어떤 사조, 사상, 시대, 흐름에 편승해 가기 때문입니다.

　만족의 기준이 어디까지인지 사람마다 다를 수밖에 없습니다. 이 얘기는 스스로 만족하는 삶의 기준은 그 자신이 설정해야 한다는 결론입니다.

나는 1

나는 남을 위로하는 데 인색해할 뿐 아니라
남이 나를 위로하려 할 때 예를 다해서 그 위로를 받아 내는
감사의 마음조차 없어졌습니다.
나는
내 기분에 따라 못마땅하게 여기는 일들이 많아지다 보니
따스한 인간미를 주고받는 만남을 맺는 일이 쉽지 않습니다.
그래서인지 언제나 외롭습니다.

여기서의 나는 나와 당신일 수도 있다는 전제입니다.

나는 2

좋은 사람을 만나기 위해 사람이 많은 곳을 찾아가지만 나와 취향이 같거나 생각이 같은 사람을 만나기 쉽지 않아 좌절했습니다.

자신이 마음의 문을 열지 않았기 때문이라고 결론짓지 않고 계속해서 사람을 만나게 되었는데 그 만나는 사람들의 숫자만큼 내 곁의 사람들은 모두 떠나가 버렸습니다.

알고 보니 나는 단 한 사람을 만날 때도 나의 목적 안에서 얘기를 진행하였고, 그 시간 동안 그들을 행복하게 해 주어야 한다는 생각은 하지 않았습니다.

나는 사람들이 생긴 것만큼이나 다양한 상식을 갖고 있다는 것을 잘 알고 있으면서, 나와 다른 것을 만나 또 다른 나의 발전을 이루려고 하기보다 왜 생각이 다른가에 대해 의문을 갖다가 언성을 높이고 자릴 박차고 나오는 경우가 많았습니다.

나는 그대와 같이 또 다른 '나는'입니다.
부족한 저와 함께 돌파구를 찾아 보자고 이 글을 쓰고 있는 것이지요.
좋은 방안을 찾으시거든 제게 연락을 주세요.

물질의 수갑을 버리세요

수갑을 찬 사람들이 버스에서 내리고 지하철에서
물밀 듯이 밀려 나오고 있습니다.
제 발로 걷기보다 저절로 등에 떠밀려 살아가는 사람들을 보면
마치 차가운 수갑을 온종일 차고 있는 것 같은 착각을 하게 됩니다.
많은 사람이 물질의 노예로는 살아가지 않겠다고
다짐하고 있습니다.
물질은 단순히 편의 수단일 뿐입니다.
어느 날 제법 큰 액수의 물질이 내 앞에 왔습니다.
복권에 당첨이 된 것이지요.
그때부터 제게 많은 생활의 변화가 생겼습니다.

첫 번째, 가족끼리 목소리가 커졌습니다.
두 번째, 형제간에 재산 분배 싸움이 시작되었습니다.
세 번째, 아내는 머리와 가슴속에 돈으로 가득 차 있습니다.
네 번째, 어렵다고 도와달라며 찾아오는 주변 사람들을 피하며 살다
보니 친구도 잃었습니다.
다섯 번째, 노력 없이 번 돈이라고 가족들이 흥청망청 써 대고 있습니다.

쓰고 또 써도 평생 쓰지 못하고 죽는다는 로또 복권은 불과 5년 만에 나를 다시 제자리로 돌려놓았습니다.

5년이 지난 지금 다시 우리 가정에 찾아온 행복이 있습니다.

1. 부부가 대화가 많아졌습니다.
2. 가족 간에 연대 책임 의식이 자라 있었습니다.
3. 땀 흘려 벌어들인 수입으로 살아가는 게 더 행복하다는 생각을 공유하고 있습니다.

이만하면 잘 살고 있는 가정이 아닐까요.

행복 예찬

당신이 행복해지려면 첫째로 무슨 일을 했는지 돌아보세요. 나는 내게 시간이 아직 남아 있다는 사실이 감사했습니다. 그리고 내 몸이 건강한 것에 감사했습니다. 이 두 가지만으로 감정이 기쁘고 벅차게 달아오르더니 자신도 모르게 감사의 징표를 눈물로 남기도록 했습니다.

여기서 그치지 않고 물, 태양, 별, 은하수, 달, 공기, 나무 등을 무료로 평생 사용할 수 있다는 것에 신께 감사했습니다.

가족을 거느리고 그들에게 작은 행복을 주고자 이른 아침 새벽을 깨우며 살아가는 나의 근면성과 부지런함에 대해 감사의 인사를 드렸습니다. 때를 거르지 않고 아침 식사 시간에 가족 모두를 한자리로 모아 잡담도 나누면서 살아갈 수 있는 지금의 모습에 감사했습니다.

우리가 그토록 목매고 살아가는 물질을 논하지 않고 생각만 긍정적으로 바꾸어도 우리는 충분히 행복할 수 있습니다.

사회 곳곳에 자리하고 있는 숱한 편견을 유행에 따라 사용하지 않고 여하한 경우라도 사람을 아름답게 바라보고 끝까지 희망을 버리지 않는 뚜렷한 인생관을 갖게 된 것에 감사했습니다.

잠들기 전이나 깨어난 시간 모두를 나라와 민족의 발전과 인류의 치료를 생각하는 나 자신에게 감사했습니다.

방황의 한때를 벗어나서 지금까지 공의롭고 공정한 사고의 균형을 잃지 않고 자신에게 당당한 삶을 살아갈 수 있는 현실에 감사했습니다. 그래서 저는 아주 많이 행복합니다.

여러분도 저와 같이 다양한 생각을 통해서 행복과 조우를 즐겨 보세요. 단, 아주 긍정적인 신호를 보내야 행복의 여신이 찾아온다는 말씀을 전합니다.

'작은 것으로 행복할 수 있나.' 처한 지금의 상황보다 더욱더 좋지 않은 상황에 직면해 있을지라도 이렇게 생각하는 모든 사람의 인생에 빛나는 행복이 찾아옵니다.

오늘 저와 같이 자신이 행복할 수 있는 조건에서 물질을 빼 버리고 순수하게 우리가 태어나는 순간부터 함께해 준 대자연의 엄청난 축복을 행복으로 받아들이기를 바랍니다.

어느 순간 나도 모르게

"나는 행복이라는 것과 거리가 멀어." 예전 일을 쉽게 연상하면서 말합니다. "행복이 오다가 깡통처럼 굴러가 버리고야 말았지. 내게 다가올 행복은 없어. 빌어먹을 불행이나 실컷 먹어 치우자. 나도 이러하니 세상은 얼마나 불행한 일로 채워져 있겠어!"

나는 이러한 당신의 생각에 동의할 수 없습니다. 만약 당신이 행복을 찾지 못했다면, 최후까지 행복을 찾아 소유하려는 소망을 잃어버리지 마세요.
지금 성공하여 칭송을 받는 사람들이 그대처럼 불행한 사람들 속에 섞여 함께 성장한 사람들입니다. 당신이 생각을 바꾸지 않는 한 당신은 성공의 마차를 세워 타고 갈 수 없습니다. 세상을 원망하지 말고 조용히 지나간 인생을 회고해 보세요.

지금 당신과 당신 주변을 쌓고 있는 사람 중 누군가는 반드시 성공하는 사람으로 변신을 거듭할 것입니다. 어느 순간 우리가 그토록 찾던 행복이 다녀갔을 거예요. 아니면 지금 당신 가까이 머물고 있는지 모르고요. 조용히 눈치채지 않게 아주 조용히 행복은 그렇게 와요. 만약 당신이 행복이 왔다는 사실을 눈치를 채면 더 많은 것을 달라고 조르기 때문이지요.

조르지 마세요

내가 가진 것을 다 줄게 조르면서 나를 사랑해 달라고 하지 마세요. 사랑은 모든 걸 준다고 얻는 것이 아니고 가지려고 노력한다고 다 가질 수 있는 것이 아닙니다.

눈만 맞으면 자연스럽게 열리는 향기 나는 꽃입니다. 눈만 맞으면 저 스스로 불타오르는 불로소득입니다. 만약에 눈이 맞지 않고 만나면서 차츰차츰 얻어지는 사랑이라면 이기심이 없이 배려심 있는 자세로 사랑을 갈구해 보세요.

그럼 그 사랑을 격려하고 축하해 주기 위해 아주 달콤한 단비가 곧 내려올 거예요.

그렇게 얻은 사랑은 순수하고 깨끗한 보상이 기다립니다. 내가 많이 사랑하면 상대의 사랑이 환하게 보입니다. 사랑하면서 불안해하는 사람들은 자기 사랑에 확신이 없거나 아직 뜨겁게 달구어진 사랑을 하고 있지 않다는 것을 뜻합니다.

생각 차이

가진 것이 없을 때 분노하지 마세요. 신세 한탄은 더욱더 하지 마세요. 첫째는 남이 내가 없는 것을 눈치채기 쉽고 나 자신도 노력해서 가지려는 마음을 잃기 쉬워요. 가진 만큼 행복한 것이 아니라 느낀 만큼 행복한 게 인생이에요.

성공한 사람들이 어느 순간에 행운이 찾아와서 사람 팔자가 확 바뀐 것은 아닙니다. 그들은 먼 과거의 시간에 중 어느 한 부분에서 당신과 같이 좌절하고 절망하면서 오늘의 성공을 인내를 가지고 기다려온 것입니다. 성공하기 위해서는 아픔은 필수입니다. 고통은 묘약입니다. 때를 기다리지 않고 봄은 오지 않습니다.

혹독한 겨울을 나지 않고 봄은 오지 않습니다. 인생에도 겨울이 있습니다. 찬바람이 부는 봄추위도 있습니다. 사계절을 맞이하고 견디면서 보낸 다음에 가을의 열매를 추수할 수 있습니다.

인생도 마찬가지입니다. 겨울을 보내면서 투정 부리는 나무는 없습니다. 견디고 또 견디는 일을 마다하지 마세요.

사랑의 울타리

내가 타인에게 주는 사랑도 베푼 크기만큼 심어지지만, 타인은 내가 그를 사랑하고 인정한 만큼 행복한 동기를 내게 가져다줍니다. 주는 만큼 받지 못해서 세상이 차가운 것이 아니라 필요한 사람들에게 가져다주는 사람이 많이 없기 때문입니다.

인류의 복지 헌금이 재정을 드러나는 것은 자발적인 인류 헌신의 기능이 작동되지 않기 때문입니다. 알맞은 생존 법칙은 먼저 내가 사랑을 주는 것입니다. 누군가 나로 인해 행복한 사람이 존재하고 행복해하는 사람이 많이 있다면 멈추지 않고 늘려 나가는 겁니다.

나중에는 당신으로 인해 행복해진 사람들이 울타리를 만들어 당신의 인생을 더욱 빛나고 보람 있게 쓰도록 이끌어 줄 것입니다. 나를 아는 사람이 많기보다 나로 인해 지금보다 행복해지는 사람의 숫자가 늘어날 때 내 삶의 본질은 세상의 빛이 되고 희망이 됩니다.

그대 행복은 다른 사람으로부터 오지 않고 오직 자신으로부터 옵니다.

행복의 낚시꾼은 자기 자신입니다. 너무 채워지면 부족할 때 견디지 못하고 부족한 자리에서 만족하는 방법을 몰라 좌절하게 만듭니다.

절제

자신을 지나치게 사랑하는 사람은 주변 사람을 잃습니다. 나에 대한 사랑이 적당해야 타인을 사랑하는 마음의 여유가 생깁니다. 목마르다고 한 병 남은 물을 다 먹어 버리면 다른 사람이 먹을 물이 없게 되지요. 되도록 빈틈을 많이 만들어 놓고 좋은 사람들이 나의 유익에 관해 관심을 가질 수 있도록 해야 합니다.

나 자신의 이익을 구하는 마음을 버리고 아무런 개념이 없이 상대를 만나고 인연을 맺어 가는 순간, 상대는 당신을 통해서 사람의 소중함을 알게 되고 끈끈한 인간관계를 맺게 될 것입니다.

먼저 얻으려고 하는 순간, 그러한 관계 속에서 반드시 서로에게 상처를 주는 가시가 자라고 독이 생겨납니다. 이해의 빈곤이 자라고 툭툭 불거지는 메마른 마음이 생겨납니다.

사회가 갖고 있어야 할 사랑의 벽이 점점 무너져 내리는 것은 바로 먼저 얻으려는 사람들이 무수하게 생겨나고 있기 때문입니다.

먼저 이익을 거머쥐고 상대가 이 사람이 무슨 이익을 가져다줄까를 고민하면서 살아가는 사람들이 많은 이상, 우리는 앞의 상대에게 무엇인가를 얻기 힘들어집니다.

상대를 이익으로 계산적으로 보지 않고 상대에게 이익을 먼저 주어야 한다는 마음을 먼저 세워나갈 때, 서로에게서 많은 것을 주고받을 수 있습니다.

받는 것을
너무 좋아하지 마세요

받는 것을 너무 좋아하지 마세요. 그토록 감사하게 여기는 베푼 사람을 미워하는 순간이 오게 됩니다. 받는 것은 받는 순간 내 마음속에 평안을 가져가 버립니다. 적당히 받고 베푸셔야 합니다.

그러면 받는 마음도 기뻐지고 주는 마음이 생기게 됩니다. 남한테 많이 받으면 상대에게 주는 마음이 자랄 것 같지만 오히려 작아져요. 받는 것에 익숙해지기 때문이지요. 양손에 무엇인가 선물 꾸러미가 들려 있지 않아도 무방합니다.

문제는 따스하고 아름다운 느낌. 당신을 존경한다는 느낌으로 손을 꼭 잡아 주는 것이지요. 물질보다 더한 감동을 주는 문제를 잠깐 살펴보겠습니다.

1. 아내가 남편의 손을 잡고- 그 무서운 경쟁의 바다에서 당신 오늘도 용 케 살아왔네. 당신은 정말 특별한 재능을 가진 사람이에요. 당신이 일 터에 가서 곡식 열매를 따는 순간, 나 혼자 편히 살아가는 건 아닌가

회의가 일어요. 하루빨리 당신을 도울 수 있는 일을 찾아보려고요.

2. 아내가 남편에게- 여보, 하필 이렇게 부족한 아내와 인연을 맺어 고생
   이 참 많아요. 여보 세상 사람들이 저보고 못생겼다고 해도 오직 당신
   한 사람에게 사랑받는 길에 서 있을 거예요.

만약 이런 말을 자주 하는 부부라면 백 세 건강 보장이 된다고 생각합니다.

행복의 이해

세상에는 행복한 사람보다 불행한 사람이 더 많아요. 왜냐하면,
행복해지려고 노력하기보다는 행복을 가지려고 하기 때문이지요.

행복은 갖는 것이 아니라, 느끼고 즐기는 것이에요.

오래 머무는 행복은 없어요.
마치 나그네와 같이 머물다가 떠나고,
떠났다가 다시 오는 게 행복입니다.

눈을 뜨고 셈법을 굴리고 조건을 따지면서
'있어야 할 것이 왜 내게는 없지?'라고 불만을 토로할 때,
그 하루 속에서 내가 당연히 누려야 할 행복은 신기루처럼 사라집니다.

우리가 행복을 얻기 위해서 준비해야 하는 건
행복에 대한 이해력을 좀 더 깊이 하는 것입니다.
행복에 대한 이해를 넓게 하다 보면
더 많은 행복을 느끼는 기회와 시야를 갖게 됩니다.

아픈 청춘이 ————

내가 행복이라고 느끼지 못한 일들이

또는 느낌들이 행복이었다는 사실을 알게 합니다.

참으로 많은 행복이 우리의 삶 속에 존재하며

하루의 일상 속에 열매처럼 매달려 있습니다.

과수원에 감과 사과, 배, 딸기, 포도 같은 행복이 주렁주렁

매달려 있는데 유독 사과만 행복의 과일이라고 생각하면

그 사람은 결국 한 개의 행복만을 갖게 되는 것이지요.

우리가 더 많이 행복하기 위해선 자신의 삶을

긍정적으로 바라보고 인식할 수 있어야 합니다.

그리하면 평소에 행복이라고 생각하지 않고

스쳐 지나갔던 일들이 행복임을 알게 합니다.

그때가 좋았어

"그때가 좋았어!"라는 말을 많이 합니다. 우리가 그때라고 하는 시절은 다소 부족했지만 웃음이 있었고 미래가 있었기 때문이지요. 많은 사람이 훗날에 와서는 특별하게 자신이 많은 것을 소유하지 않았음에도 "그때가 좋았어! 행복했어!"라고 자평을 합니다. 단지 시간을 보내고 그때의 순간을 추억으로 간직하고 있을 뿐인데 힘겹고 고단했던 시절을 행복이라고 기억하게 됩니다.

지난 시절을 행복이라고 자위를 하듯이 당시에 행복을 이해하고 받아들이는 마음의 여유가 있었다면, 우리는 많은 시간을 행복 속에서 지낼 수 있는 특권을 누리게 되는 것입니다.

오늘의 힘겨움도 시간이 지나고 나면 "그때가 좋았어!"라고 말할 수 있는 행복한 순간입니다. 다만 우리가 지금 이 순간이 좋다는 사실을 많이 느끼지 못하고 살기 때문이지요.

우리는 반드시 주어진 현실 속에서 삶의 여유를 가질 필요가 있고 행복의 기준과 설정을 다른 시각에서 결론을 내리는 일에 숙련된 기술자가 되어야 할 필요가 있습니다. 지금보다 많이 행복하기 위해서 말입니다. 생각만 바꾸어서 하루를 보내더라도 지금 우리 각자가 생각하는 것보다 훨씬 더 많이 행복해질 수 있습니다.

행복을 찾기 위해 바삐 달려온 사람은 지난 시절이 불행했다고 말합니다. 그 사람은 현재에 놓인 행복을 누리지 못하고 미래에 있을 행복만을 찾아 길을 떠나다 보니 오늘에 사는 행복을 만나지 못한 것이지요. 그대가 바삐 행복을 찾아 달려간다면 속도를 조금만 줄여 보세요. 그러면 지금 눈에 보이지 않는 행복이 보일 것입니다.

힘겨울 때는 어떻게 하지

힘겨울 때는 과거를 보세요. 현실은 언제나 고달픈 것입니다. 미래를 생각하면 불안하고 자신이 초라해지는 것을 느끼게 됩니다. 그러한 생각은 불행의 늪을 더 깊이 만들고 불행하다는 생각을 더 많이 하게 만듭니다. 그래서 힘들다는 생각으로부터 탈출을 감행하는 게 중요합니다. 힘들다고 느끼는 그 느낌 안에서 제자리를 돌면서 정말로 하루의 삶을 불행하고 힘들게 살아가는 사람들이 참으로 많이 있습니다.

힘들다고 하면 더욱 힘들어지는 게 인생입니다. 잘 될 거라는 믿음을 두 손에 쥐고 조용히 뒤를 돌아보면 '내가 무엇을 해야 하지? 어떤 마음을 먹어야 하지?' 하는 메아리가 들려옵니다. 그때 비로소 오늘을 사는 여유가 생겨납니다. 준비는 열심히 했는데 결과가 시원치 않을 때가 많이 있지요. 무척 행복하려고 노력했는데 별로 얻은 것은 없고 허탈해질 때가 있습니다. 그럴 때는 열심히 노력한 과정이 행복했던 순간입니다.

이미 행복을 실컷 가진 것이지요. 여유를 잃어버리면 가진 것을 잃게 되고, 여유를 찾으면 잃은 것을 찾게 되는 게 인생입니다. 무슨 일이건 하나, 둘, 셋 정도 세고 나서 시작하면 잃어버리는 게 별로 없어요.

배탈

음식을 많이 먹으면 배탈이 납니다. 행복도 너무 크면 배탈이 나지요. 인생은 내가 가질 수 있는 것만 가져야 해요. 가진 것이 초라한 사람보다 큰 행복을 찾다가 추락하는 사람이 더 초라한 것이지요.

먼저 우리 자신에게 겸손하고 작은 것에도 행복을 느낄 수 있도록 훈련을 할 필요가 있습니다. 로또 일등에 당첨된 사람들이 끝내는 불행한 삶을 살아간다는 사실을 많은 사람이 알고 있습니다.

평소 자신이 준비해 온 행복이 아니기 때문입니다. 소위, 평소 소화하기 힘든 큰 행복을 느끼다 보니 행복 처리 소화기관이 고장이 난 것입니다.

소화기관이 소화할 수 있는 만큼이 아닌, 많이 먹어서 배탈이 나는 것이나, 자신에게 어울리지 않는 행복을 가지려다가 그전보다 더 불행하게 추락하는 것이나 전혀 다르지 않습니다.

우리는 생김새도 다르고 인생관도 다르고 진로도 다릅니다. 행복의 기준도 다르지요. 무엇이든지 나에게 맞도록 하는 게 중요합니다. 갖고자 하는 것에도 자신을 위해 절제와 미덕이 필요합니다. 행복은 어느 날 뻥 터지는 복권이 아닙니다.

세상에는 불행의 종류도 많지만, 행복의 종류도 참 많습니다. 내일은 오늘보다 행복할 거라고 자신을 위로하고 믿는 것도 사실 따져 보면 행복입니다. 슬픔이 왔을 때 실컷 울고 나면 왠지 모르는 평안함이 다가옵니다.

이렇게 행복은 전혀 생각하지 않은 곳에서 다가옵니다.

아픈 청춘이 ————

기대는 것보다

곁에 있는 사람이 떠나갔나요. 의지하고 믿었지요. 그래서 슬프지요. 기댈 수 있는 사람이 있다는 것은 그 자체가 행복의 요소가 됩니다.

세상이 암흑으로 바뀌는 순간은 바로 기댈 수 있는 사람을 잃어버렸을 때입니다. 인간은 기대는 존재입니다. 의지하는 대상이 없다는 것은 어두운 터널 속에 갇힌 것과 같다고 해도 과언이 아닙니다.

그로 인해 우리는 충분히 슬프고 헤어나기 힘든 좌절감에 빠집니다. 많이 의지하고 기댄 사람은 그만큼 힘든 시간을 지내야 합니다. 우리를 행복할 수 있도록 이끄는 것도 바로 그와 같이 기댈 수 있는 사람이 있기에 가능한 일이기 때문입니다.

그러기에 너나없이 기댈 수 있는 사람을 찾아 나섭니다. 그러나 상대를 기대기보다 상대가 의지할 수 있도록 배려가 많은 사람은 사람이 곁을 떠나가도 힘겨워하지 않습니다. 그는 다시 누군가 자신을 의지하도록 준비를 합니다.

의지할 사람을 잃고 슬픔에 빠진 당신 이제는 누군가에게 다가가 곁을 지키는 사람이 되어 보세요. 누군가를 기대는 것보다 기댈 수 있는 사람이 되어 주는 것이 덜 슬픈 일이기 때문입니다.

사랑을 준 만큼 상대에게서 돌아오지 않거든 따지지 말고 기대하는 마음을 버려야 합니다.

기대한 크기만큼 자신이 아파야 하기 때문입니다. 상대와 인연을 지속하는 것이 괴롭다면 예전으로 되돌아가든지 아니면 덜 기대하고 덜 주는 방법을 찾는 것이 현명한 일입니다.

부족한 것의 차이

가진 것이 부족한 것이 아니라 부족한 것을 채우려고 노력하지 않은 것이 더 초라하고 부족한 것입니다. 우리는 늘상 부족한 사람들입니다. 물질이 넉넉한 사람들도 늘 부족함을 느끼면서 살아갑니다. "난 가진 게 이만큼 밖에 없어."라는 말은 잘하는 게 아닙니다.

"난 매일 이 모양이야!"라는 말도 줄이세요. 그런 말보다는 나는 비록 가진 게 이만큼이지만 행복하다는 말을 달아 주세요. 그러면 작은 것에도 감사하고 행복할 수 있는 마음이 생겨납니다. 없는 것은 채우면 되고 잃어버린 것은 다시 찾으면 됩니다.

사람은 절대 가진 만큼 행복하지 않습니다. 그런데 베풀고 준 만큼 행복한 것이 있어요. 그것이 타인에 대한 선행이자 봉사입니다. 내가 준 만큼 기쁘고 내가 한 만큼 행복을 주는 것은 오직 선행뿐입니다. 가진 것이 중요한 것이 아니라 베푸는 것이 중요하다는 사실을 말하려 하는 것입니다.

인자는

인자는 덕으로 도에 이르고
소인배는 아집으로 도에 이르려 합니다.

인자는 친구를 의로 사귀고
소인배는 이익으로 친구를 사귑니다.

인자는 물질의 크기에 따라 마음을 잃지 않으며
소인배는 물질의 많고 적음에 마음을 잃어버립니다.

인자는 말을 할 때 상대의 마음을 살피고
소인배는 자신의 명예를 살핍니다.

인자는 자신을 낮추는 것에 부지런하고
소인배는 자신을 높이는 데 부지런합니다.

인자는 타인의 아픔을 먼저 보기에 고난을 이기며
소인배는 자신의 아픔을 먼저 생각하기에

어떠한 고난도 뛰어넘지 못합니다.

인자는 자신의 거짓에 분노하고
소인배는 타인의 거짓에 분노합니다.

인자는 겸손하게 지식을 구하고
소인배는 교만하게 지식을 구합니다.

인자는 도에 이르러 기뻐하고
소인배는 자신을 내세우는 것에 기뻐합니다.

인자는 덕을 곡식으로 삼아도 그 마음이 넉넉하고
소인배는 물질로 기뻐하나 그 마음이 넉넉하지 못합니다.

인자는 신의로써 손을 잡고
소인배는 이익으로 손을 잡습니다.

인자는 바람처럼 스며들며 지신을 증명하고
소인배는 칼날처럼 자신을 증명합니다.

어두운 생각 탈출

마음을 항상 밝게 먹고 사는 게 중요합니다. 마음을 어둡게 먹으면 안 되는 것은 그 순간부터 세상을 어둡게 보기 시작하기 때문입니다. 세상의 모든 희망은 밝고 긍정적인 곳에서 살아갑니다.

생각을 어둡게 가지는 순간 결단도 미루게 되고. 앞을 못 보는 장님처럼 세상을 더듬거리며 보게 됩니다. 매사 부정적인 생각을 갖는 사람에게 희망이 보일 수 없습니다. 밝게 생각을 먹으면 진일보하고, 진일보하기 위해서는 밝게 긍정적인 생각을 가져야 합니다. 밝은 생각은 그 자체만으로 유익을 가져다줍니다.

주변 사람들로부터 밝고 긍정적인 사람이라는 평가를 받는 순간, 삶의 모든 조건은 격상하게 됩니다. 사람들이 믿고 일을 맡기게 되니 자연스럽게 기회가 많아집니다. 주변에 사람이 없는 사람을 보면, 그 사람이 얼만큼 부정적으로 생각하는지 알 수 있습니다. 자신은 그렇다고 쳐도 남의 설계까지 부정적인 생각으로 덮어 버립니다. 독단은 커지고 포용하는 마음이 좁아집니다. 긍정적인 말로 상대를 치유해주지 않고 부정적인 말로 상처를 덧나게 합니다.

이러한 사람들은 결과가 좋게 나오는 일들까지 언제나 망가트리는 본능을 갖고 있습니다. 합의에 도달하지 못하고 의견이 많으며 항상 날을 세워서 언성을 높이는 습성을 가지고 있습니다. 그 자신의 인생도 소란스럽고 그와 동행하는 사람의 인생까지 어둠의 도포로 덮어 버리는 실수를 범하게 됩니다.

스스로 목숨을 끊는 사람들은 하나같이 세상을 어둡게 결론 내려왔다는 사실을 그들이 남긴 일기장이나 흔적을 통해 알 수 있습니다.

마음을 밝게 먹는 사람은 세상을 밝게 생각합니다. 그들에게는 언제나 기회가 많고 하고자 하는 일은 넘쳐납니다. 부정적인 사람을 긍정적인 사람으로 변화시키는 역할까지 하게 됩니다. 캄캄한 곳에서 아무런 일을 할 수 없듯이 어두운 생각을 가지고 살아가면 할 수 있는 일이 점점 없어지게 됩니다.

절망하고 있는 사람에게 다가가서 먼저 손을 내밀어 보세요. 쉽게 손을 잡으려고 하지 않고 뿌리치는 경우가 많습니다. 설령 주어진 조건이 절망적일지라도 생각을 밝게 먹으면 절망적이라고 내린 현실 속에서, 우리가 선택하고 우리 자신을 지킬 수 있는 최소한의 희망이 가시거리에 있음을 깨닫게 됩니다.

새가 드넓은 창공을 점령하게 된 것은 날아오르려는 희망을 포기하지 않았기 때문이지요. 중간에 포기하지 않는 것은 시작하는 순간 못지않게 중요한 일입니다. 우리가 사는 것도 이와 다르지 않아요. 매일 희망을 포기하지 않고 살다 보면 어느 순간 우리가 원하는 곳에 도달해 있음을 발견하게 됩니다.

시간의 사용법

시간은 누구에게나 공평하게 돌아갑니다. 그러나 시간을 똑같이 소유하지는 못합니다. 시간을 줍는 사람과 버리는 사람이 존재한다는 증거입니다. 지나가는 시간을 소중하게 여기지 않고 살아가는 사람들이 시간을 소중하게 여기며 살아가는 사람보다 더 그 자신의 인생을 무척 잘못 살아왔다는 고백을 많이 합니다.

인생은 시간의 결정체입니다. 만약 그대가 시간을 버린다면 단지 시간만을 버리는 것이 아니라 엄연히 자신의 인생을 훼손하는 꼴이 되고 말 것입니다. 준비하지 않고 맞이하는 미래는 이미 지나가 버린 과거와 별반 다르지 않습니다.

다가오는 내일을 어떻게 살아갈 것인가. 많은 것을 준비하는 사람들이 있는 반면, 구태의연한 방법으로 미래의 문을 열어 가는 사람들이 있습니다. 이런 사람들은 미래가 아닌 과거의 위치에서 미래를 맞이하고 제자리걸음을 하는 것과 다르지 않습니다. 미래는 과거의 연장이 아니라 과거와 전혀 다른 또 다른 보물처럼 빛나는 미지의 세계입니다.

과거를 살아가는 방법과 키를 가지고 미래의 문을 열 수도 없으며 설령 열어서 나간다고 해도 그에게 주어진 미래의 시간을 성공적으로 활용하지는 못할 것입니다. 환한 빛이 나는 곳에 나방이 몰려들고 사람들의 시선이 모이는 것처럼 스스로 갈고닦아 빛이 나면 자연스럽게 우러름을 받을 수가 있습니다. 적당히 하고 대우를 받는 사람은 없습니다. 그런 사람은 세상이 잘 받아들이지 않습니다.

오늘 하루 내가 갈고닦는 노력은 생애 전반에서 아주 유익한 활동을 하는 데 필요한 에너지로 귀하게 사용됩니다. 그래서 무엇이든 배우고 노력하는 게 중요합니다.

신의 없는 사람을 피하세요

신의가 없는 사람의 마음을 가지려고 애쓰는 것은 굳게 잠긴 문을 도구도 없이 열어 보려는 것처럼 무익하고 어리숙한 일입니다. 신의가 준비되지 않은 사람과 손을 잡은 것 때문에 부도를 맞고 자산을 탕진하게 됩니다. 절망의 높이가 올라갈수록 내게 이로움을 주고자 하는 사람들보다 마지막 남은 이익이라도 독점해 보려고 승냥이 같은 무리가 달라붙게 됩니다.

그들은 타인이 절망을 뛰어넘는 용기를 가로막고 차단하려고 합니다. 그들은 절대 자신들의 계략을 입으로 발설하지 않고 이중적인 내면의 구조를 만들어 속에서 생각하고 결단하기를 즐깁니다. 이런 사람들이 신의라는 가죽을 쓴 채 곁에 머물고 있다면 가차 없이 해고하든지 되도록 그들을 멀리 떠나보내는 게 상책입니다.

가죽을 죽이는 사람들은 자다가 꿈을 꾸어도 내장 속을 걸어 다니고, 어떻게 하면 잘 죽일까 고민하다 보니, 어떤 때는 거리를 걷고 있는 사람들이 돼지나 소로 보이기도 해서 사람을 상대로 해체하는 상상을 종종 한다는 말을 들었던 순간이 기억납니다.

고난의 들판을 건너가야

성공한 사람들에게 당신이 겪고 있는 시련과 위기가 없었을 것이라고 속단하지 마세요. 그가 겪은 시련은 성공에 가려 잘 보이지 않을 뿐입니다. 모두가 고난의 밭에서 뒹굴면서 살아갑니다. 성공하려면 반드시 거쳐 가야 할 정거장이 있습니다.

1. 고난의 들판을 건너가야 합니다.
2. 위기와 슬픔의 강에 빠져 죽다가 살아나야 합니다.
3. 불처럼 뜨거운 인생의 쓴맛을 자주, 되도록 여러 번 느껴야 합니다.
4. 당신을 가족의 한 사람이 아닌 우주 전체를 놓고, 그 속에서 아무도 손잡아 주지 않는 혼자라는 사실을 강하게 느껴야 합니다.
5. 혼자 버려진 것 같은 치열한 자기 학습이 없이는 당신께 돌아오는 행운을 잡을 수 없습니다.
6. 성공이 요구하는 것은 노력에 노력을 더하라는 말입니다.

아무것도 없는 지금의 조건이 성공하기 위해 바쳐지는 첫 번째 훈련이 되어 줍니다.

내가 불을 *끄고* 잠들어 있는 시간, 누군가는 불을 환히 켜 놓은 채 바닥에 떨어져 있는 무엇인가를 찾고 있습니다. 그래서 내가 아침에 일어나 맞이한 시간은 이미 누군가에게 정복당한 시간일 수도 있습니다.

보통 부지런하지 않고서는 남이 밟지 않은 길에 첫발을 내디딜 수 없습니다. 지금 그대와 내가 최악이라고 생각하고 있는 절망은 이미 다른 누군가가 거뜬하게 극복한 작은 시련에 불과한 것일 수 있습니다.

어떠세요? 지금 당장 힘들다고 그것에 취해 살면 안 되겠지요.

좋은 생각

터가 좋지 않으면 이사해야 하고, 몸이 아프면 병원을 가야 하듯, 인생이 풀리지 않으면 먼저 더 많이 좋은 생각을 해야 합니다. 나의 이익에 초점을 맞추기보다는 여러 사람이 평탄하고 이로운가를 준비하는 것이 좋은 생각입니다.

좋은 생각을 통해서 나오는 설계는 나도 이롭게 하고 타인도 이롭게 합니다. 내가 추진하는 일이 무엇이 부족했는가를 따지기에 앞서 내가 좋은 생각으로 구상을 했는지, 세상에 이로움을 주고 주위 사람에게 희망을 안겨주는 일을 생각했는지 돌아볼 필요가 있습니다.

나와 관계된 사람들이 단 한 사람이라도 나의 설계로 인해 괴로워하고 상처를 받는 것은 아닌가 염려하고 돌아볼 때 당신은 진정으로 배려 있는 사람으로 성장할 수 있습니다.

내 인생의 무엇이 잘못되었는가 살펴보면 내 생각이 잘못되었다는 것을 알게 됩니다. 사람의 생각이 곧 인생의 길이 됩니다.

사람을 잘못 만나 후회하는 사람은 많은데 좋은 생각으로 바뀌어서 후회하는 사람은 없습니다. 사람에게 운이 들어오는 곳은 두 군데가 있습니다. 하나는 관상이고 하나는 좋은 생각입니다. 그런데 중요한 것은 좋은 생각이 좋은 관상을 만든다는 사실입니다.

꽃은 이내 시들지만, 좋은 생각은 평생 시들지 않습니다. 그러므로 자신에게 매일 좋은 생각을 선물하면 인생도 아름다운 화원이 될 수 있습니다. 다른 삶을 선택하고 다른 일을 해서 성공하기보다 생각을 바꿔 성공한 사람들이 더 많습니다.

긍정적인 생각보다 좋은 반려자는 없습니다. 긍정적인 생각이란 모든 것을 좋게 바라보는 고도의 식견입니다. 자신에게 가장 좋은 친구는 긍정적인 생각입니다. 자신의 생각이 자신의 운명을 몰고 가는 운전사입니다. 운명이 비관적이라면 그 사람의 생각에 반드시 결함이 있습니다.

죽은 자는 죽은 자의 모습이 있고 산 자는 살아 있는 자의 모습이 있습니다. 생각에도 살아 있는 생각이 있고 죽은 생각이 있습니다. 긍정적인 생각은 단지 오늘을 지탱해 주는 데 머물지 않고 인생을 발전시키고 안전하게 이끌어가는 마차와 같은 역할을 해 줍니다.

운명이 만들어지는 곳은 바로 우리 각자의 생각입니다. 운명은 한번 태어나지 않고 우리가 생각하고 결단하면서 살아가는 동안 무수히 태어납니다. 그래서 닥친 운명이 좋지 않다고 불평을 늘어놓기보다 좋은 운명을 만들기 위해 좋은 생각과 선택과 결단을 내려야 합니다.

아픈 청춘이 ──────

생각이 긍정적이고 좋다는 말을 듣는 자는 성공적인 인생을 살아가고 있음을 증명해 주는 평가입니다. 무엇인가 하는 일이 잘 풀리지 않을 때는 주변에서 원인을 찾으려고 하기보다는 자기 생각을 수술해 보는 게 맞습니다. 좋은 생각을 가지면 좋은 인생이 열립니다.

마치 기름진 토양에서 과일이 풍성하게 열리는 것과 같습니다.

최고 전략

비즈니스의 최대 전략은 먼저 마음을 비우는 훈련입니다. 내 마음속에 일에 대한 욕심이 가득 차 있으면 일단 상대는 경계합니다. 긴장을 풀어 주어 속내를 끄집어내야 하는데, 오히려 긴장하도록 만들어 벽을 쌓는 실수를 하게 됩니다.

일에 대한 목표를 성사시키기 위해 다짜고짜 일부터 꺼내 놓는 사람들이 있습니다. 그들은 일에 대해 많은 얘기를 하면 성사 가능성을 높일 수 있다고 생각하는 사람들입니다.

그러나 결과는 그렇지 않습니다. 일은 두 마디 세상사 얘기는 8마디를 하는 게 좋습니다. 서로가 긴장되는 표정과 말을 늘어놓고 나면 상대를 이해하고 좋게 평가할 기회를 놓치게 됩니다.

계약은 상대의 인품을 살피고 그에 적절한 말을 주고받으면서 무르익어 갑니다. 계약을 목표로 하는 사람에게는 상대가 기회를 주지 않고 시간을 끌거나 딴청을 부리게 됩니다. 그렇게 되면 벌써 유리한 고지를 빼앗기는 처지가 됩니다.

상대의 긴장을 풀어 주는 것이 최고의 전략이 됩니다. 계약 성사를 위해 사람을 만날 때는 마음껏 행복을 주고받겠다는 마음으로 만나야 합니다. 상대에게 얼마나 행복한 시간이 되도록 노력했는가에 따라서 결과가 달라집니다.

계약과 전혀 반대되는 지점에서부터 거꾸로 거슬러 올라가면서 목표에 도달하면, 상대와 자연스러운 상태에서 서로의 목표 지점에서 만나게 됩니다.

먼저 깔린 인간적인 교감이 형성되고 나면 계약은 매우 흥미롭고 재미있는 일이 됩니다.

숫자에 연연하지 말자

그대가 하루에 몇 사람을 만나든지 숫자는 그리 중요하지 않습니다. 한 사람을 만나더라도 어제보다 행복해질 수 있는 사람이면 단 한 사람을 만나도 족하다 할 것입니다. 사람이 부족한 것이 아니라 사람다운 사람을 만나지 못한 것이 부족한 것이지요.

되도록 많은 사람을 만나지 못하면 아무것도 하지 못하는 사람들이 참으로 많이 있습니다. 그들은 사람을 가장 많이 만날 방법을 연구합니다. 적게는 3분 많게는 10분까지, 쪼개고 또 쪼개서 만나는 사람의 숫자를 늘려 갑니다.

단체 활동을 하는 사람들이나 정치에 꿈을 가진 사람들은 그런대로 이해가 갑니다. 마음이 공허한 사람일수록 사람의 의존성이 많습니다.

많은 사람을 만나서 비즈니스를 하는 사람들을 보면 요란스럽기만 하지 제대로 일이 성사되는 것을 본 적이 거의 없습니다. 그 많은 사람이 모두 자기 사람이 되는 것도 아니고 나중에는 과부하가 걸려 건성으로 대하지 않으면 안 되는 지경까지 도달합니다. 그리고 막상 자기가 어려운 상황이 직면하게 될 때 자기를 위해서 손을 내미는 사람들은 손꼽는 정도라는 것을 알게 됩니다. 왜냐하면, 그들은 단지 비즈니스를 위해 속정 없이 만나는 사람들이기 때문입니다.

되도록 많은 사람을 내 사람으로 만들려고 분주한 사람은 오히려 진정한 사람을 얻기 힘듭니다. 살다 보면 수없이 많은 사람보다, 비록 한 명일지라도 진정한 내 사람이 더 필요하다는 사실을 알게 되지요.

나중에 외로운 인생을 살아가는 사람들을 보면 많은 사람 속에 있던 사람입니다. 좋은 지기 하나가 천하의 사람보다 낫습니다.

사람을 찾고, 그와의 결연을 통해 성공을 꿈꾸는 사람들이 많습니다. 그런데 이것은 신기루와 같은 허상입니다. 사람이 많은 곳에 있으면 세상을 읽는 지혜를 얻기 힘들고, 나중에는 자신의 경쟁력을 잃게 되어 혼자서는 아무것도 못 하는 나약한 사람으로 전락하고 맙니다.

사람은

대다수의 사람에게서 배울 점이 있다고 인정하지 않고서는 당신의 비즈니스와 인간관계는 성공적이지 못할 뿐 아니라, 머지않아 우물 안의 개구리가 되고 즉시 위태로울 수밖에 없습니다. 배울 점이 있는 사람들을 찾아나서는 노력을 하기보다는 나와 다른 모든 사람에게서 배울 점이 있다고 생각하는 게 중요합니다.

저마다 그 나름대로 삶을 살아가는 비법이 있습니다. 자신보다 성공 전략이 뛰어나지 않으면 우리는 상대의 이야기를 들으려고 하지 않습니다. 잠시 생각의 키 재기를 하고 자신이 우월하다는 판단이 서면, 상대의 얘기는 듣지 않고 자신의 얘기를 장황하게 털어놓게 됩니다. 물론 그러한 판단 기준은 착오일 때가 많습니다.

인생의 해법은 여러 가지가 있습니다. 삶은 다르게 처한 상황에 맞는 답이 있습니다. 많은 사람이 합리적인 결과를 얻기 위해 매일매일 노력하고 있습니다. 그런 점에서 나와 다른 사람들은 모두 스승입니다. 내가 갖고 있지 않은 좋은 점을 그들은 한 가지 이상 가지고 있습니다.

아픈 청춘이 ────

사람을 만나면서 얻은 교훈은 삶의 판도를 바꿀 수 있을 만큼. 좌표가 되는 일이 적지 않습니다. 소위 감명을 받는 일은 나 스스로 깨닫기보다는 남의 깨달음을 전해 들을 때 더욱 감동적일 수 있습니다.

　사람들 앞에서 잘난 척을 하는 순간 상대는 자기가 주고 싶은 좋은 기술, 지혜, 정보 등을 즉시 감추고 배척이나 비난의 에너지를 품게 됩니다. 내가 가지고 있는 기회를 잃어버리는 것만 손실이 아니라, 상대로부터 받을 수 있는 교류의 가치와 기회를 잃어버리는 것도 엄밀히 따지면 손실입니다.

행복 찾기

"오늘은 어제보다 행복해지자!" 자기 암시를 하고 시작해도 우리는 분명 어제보다 행복할 수 있습니다. 행복의 크기는 자기 생각 안에서 결정됩니다.

무슨 일을 하면 내가 좀 더 행복할까. 돌아보기보다는 나는 무엇으로 행복해하는가를 찾아보는 게 순서입니다. 행복은 저절로 와서 안기는 것이 아니라 찾아내는 것입니다.

이미 행복을 갖고 살아가면서 그 자신이 느끼지 못해 잃어버리고 사는 행복이 얼마든지 있습니다. 많은 사람이 행복을 분실하면서 살아갑니다. 저 역시 많은 행복을 잃어버리면서 살아가고 있지요.

저는 요즘 잃어버린 행복이 무엇이 있는지 찾아내는 일에 고심하고 있습니다. 저는 행복을 찾는 무인도에 혼자 도착해 있습니다. 생각해 볼수록 신기한 것은 좀 더 행복 찾기를 해 보니, 그동안 감추어지고 눈에 띄지 않던 잃어버린 행복이 내가 찾아낸 행복보다 더 많다는 사실입니다.

평소에 감사하지 못한 일들이 내게 달려들어 와서는 자기가 그토록 찾는

아픈 청춘이 ───────

행복이었음을 알려 주고 있습니다. 살아가는 인생이 힘들다 보면 몸이 건강한 것을 큰 행복의 조건이라고 자위하지 않았었는데, 이제는 몸이 건강한 게 인간에게 가장 중요하고 가슴 벅찬 행복의 첫째 조건임을 인정하게 되었습니다.

가족, 자연이 주는 선물, 내가 좋아하는 주변 사람들, 하고 싶은 일을 할 수 있는 공간, 주머니는 비어도 마음을 넉넉하게 가질 수 있는 여유 등이 있다는 것도 내 가슴속을 가득 채울 만큼 행복감을 안겨주지 않았습니다.

가까운 데 화장실이 있고 최신식이라는 것, 몸에 맞는 옷을 입고 화려한 외출하는 것, 누군가와 밤을 새우면서 꿈에 대해 열띤 토론을 벌였던 것, 차를 몰고 가는데 신호등의 파란불이 멀리까지 깜박이고 있는 것, 도시의 가로등이 회색빛과 함께 섞여 발산하는 풍경을 본 것, 입에 맞는 음식점을 찾아 맛있게 한 끼의 식사를 한 것, 길거리에서 잃어버린 사람을 만나면서 힘껏 악수했던 것, 반가운 사람을 만나 포옹을 했던 것, 번민을 마치고 깊은 잠에 빠져들었다가 개운하게 일어나던 것, 무거운 짐을 지고 길을 가다가 누군가의 도움을 받았던 것, 싸운 사람과 화해했던 것….

이 모든 것들이 행복의 순간이었음을 고백하게 됩니다. 바로 행복의 둘째 조건이었던 것입니다.

이처럼 잃어버린 행복을 찾는 방법은 아주 간단합니다. 나 자신이 행복이라고 결론지은 것이 아닌 일에 대해 이 정도면 행복이 아닐까 하고 긍정적인 신호를 보내면 바로 그 순간이 행복이었음을 알게 됩니다. 행복하기 위해서는 행복을 찾아내는 노력을 해야 합니다.

첫째로 멋진 행복은 사랑입니다.

둘째로 멋진 행복은 자신이 원하는 일을 하는 것입니다.

셋째로 멋진 행복은 가진 것을 조금씩 내려놓는 것입니다.

고통을 이겨 내면 행복으로 바뀌고 만족하지 못하면 불행으로 바뀝니다. 기성복보다는 맞춤옷을 입을 때 훨씬 맵시가 있고 만족감도 큰 것같이 행복이라는 것도 내가 원하는 기준을 만들어 놓아야 만족감이 큽니다. 남들이 행복해하는 기준을 내 행복의 기준으로 삼는 것은 기피하는 것이 좋습니다.

상대가 행복하다고 느낀다고 나까지 행복하지 않기 때문입니다. 사람은 행복한 순간을 행복이라고 긍정적으로 받아들이는 데 인색하기 때문에 더 많은 행복을 갖는 데 실패하게 됩니다.

행복의 기준을 머리에 두지 말고 가슴에 두세요. 그리하면 더 많은 행복을 발견하는 시야를 갖게 됩니다. 사람도 가슴에 담으면 사랑의 깊이가 더해지는 것과 같습니다. 딱 이만큼만 행복했으면 좋겠다고 생각하는 순간부터 행복은 열립니다.

행복이 어디에 있냐고 질문하는 것은 답을 얻지 못합니다. 무엇으로 행복할 것인가 질문할 수 있을 때만 우리는 비로소 행복과 자주 만날 수 있습니다.

아픈 청춘이 ———

혁신이 희망이 된다

우리가 꾸미고 설계하는 일들은 언제나 우리의 평소 생각과 기준대로 결정됩니다. 만약, 당신이 개똥이라고 생각한다면 그날로 개똥이 같은 인생을 살게 됩니다. 이처럼 그 사람의 생각은 인생 살기의 주제가 되는 것입니다. 좀 더 좋은 방법을 찾는 기술은 우리가 생각하는 것 이상의 결과를 안겨줍니다. 실험적이지 않으면 같은 방법과 결과 안에서 맴돌게 되지요.

혁신은 변화를 주도해 내는 힘입니다. 좋은 결과에 남보다 빨리 도달한 사람들을 보면 그들이 택한 방법은 혁신적이었음을 알 수 있습니다. 모두가 한결같은 틀을 고집해 가는 것은 혁신이 아닙니다. 혁신은 반대 방향에서 나옵니다. 한곳을 응시하면 전방만 보게 됩니다. 이건 혁신이 아닙니다. 안전한 곳에서 기생하는 무리를 보면 별다른 차이점을 느낄 수 없습니다.

우리가 무리 지은 생각으로부터 탈피하지 못하는 것은 대다수가 그렇게 생각하고 있다는 관념이 우리를 지배하고 있기 때문입니다. 대중적 관심과 흐름은 각자를 안일한 사고 속으로 빠지게 합니다. 특별한 생각과 발상이 떠오르더라도 스스로 가두고 억제하는 게 보통 사람들의 사고입니다. 이건 생각이 굳어 있는 것과 다르지 않습니다.

안일을 허용하지 말고

역사를 이루려면 역사의 결단과 예측을 따라야 합니다. 일반 대중의 사고 방식은 문제의 답을 해결하지 못하기 때문에 결과에 도달할 수 없습니다.

성공은 정확한 예측과 주도면밀한 구도를 설계할 수 있을 때 달성됩니다. 선각자나 앞을 내다보는 사람에게서 독단이 발견되는 것은, 다른 많은 사람 보다 정확하게 앞을 내다보고 대응 전략을 설계한 후이기 때문입니다.

만약, 당신이 지도자로서 능력을 갖추고 있다면 절대 독단을 버려서는 안 됩니다. 결과에 도달하는 것은 언제나 설계자의 몫으로 남습니다. 조화 를 이루고 개성과 다양한 의견을 존중한답시고 관망하지 않고 결단을 미 루는 사이, 모든 일이 허사로 돌아가고 더디어지며 제때 결단을 하지 않게 되어 있습니다.

지도자는 결과에 도달했을 때 자유분방한 조직을 허용해도 되지만, 그전 에 허락하는 순간 지도자 자체도 안일에 빠지게 되고 중요한 타이밍을 놓 치게 됩니다. 열 사람이 똑같이 서서 달려가는데 일등이 생길 수 없습니 다. 경영자는 무조건 최일선에서 다가오는 미래와 사투 어린 전쟁을 해야 합니다. 앞서는 것 그리고 그 자리를 결과에 도달할 때까지 지키는 것 이것이 경영자의 덕목입니다.

일반 대중은 강한 자극을 주지 않으면 부지런히 움직이지 않습니다. 일반 대중적 사고를 하는 사람 중 맨 앞에서 진군하는 사람은 없습니다. 그들은 언제나 중간에 서 있기를 좋아하거나 뒤에서 팔짱 끼고 관망하기를 즐깁니다.

어떻게 해서든 결과를 만들어야 한다는 생각은 오직 오너만이 가질 수 있습니다. 이 세상에 주인 의식을 가진 사람만큼 훌륭한 인재는 없습니다. 주인과 경영자에게는 열정, 책임, 추진력, 강한 자부심, 성장 동력, 일을 사랑하는 근면성이 있다. 이것은 매우 중요한 성공의 덕목입니다.

성공하기 위해서는

성공하기 위해서는 많은 설계와 생각이 필요하지 않습니다. 멈추지 않는 도전 정신과 생각을 실천으로 변화시켜 놓는 부지런함이면 충분합니다.

사람들은 언제나 실천하는 습관과 가까이 지내기보다는 생각과 가까이 지내는 일을 즐겨합니다. 이 세상에 성공하는 사람이 적은 이유입니다. 자기가 잘할 수 있는 일에 투자하면 당연히 성공할 수 있습니다. 또한, 무엇이든 잘할 수 있을 때까지 노력하는 습관이 사람을 성공으로 이끌어 갑니다.

사실 성공한 사람들의 습관은 우리의 성공에 큰 영향을 미치지 않습니다. 우리 자신에게 영향을 끼치고 우리를 성공하도록 이끄는 것은 언제나 자기 경쟁력입니다. 남들이 이만하면 좋다고 하면 한쪽 귀로 흘려 버리세요. 그리고 오직 자기가 만족할 때까지 힘써 도전해야 합니다. 남이 해 주는 좋은 평은 언제나 나 자신의 안일을 키우는 독소가 되기 때문입니다.

자신과 싸워 승리하는 자가 세상과 싸워 승리한다는 말은 나 자신이야말로 가장 싸워 이기기 힘든 상대이기 때문입니다. 인간의 실패는 대다수 자신의 안일로부터 완벽하게 벗어날 수 없습니다.

성공한 사람들의 공통점을 찾는 시간에 진정한 자신을 찾는 일과 무엇을 선택하는 것이 현명한 일인가를 고민하는 시간 여행을 즐겨 하는 일이 성공의 확률을 높이는 계기가 됩니다. 성공은 그 자신이 어떻게 살아가고 있고 살아왔는가를 보여 주는 가장 정직한 거울입니다. 성공 자체는 어려운 것이 아니지만, 성공하도록 자신을 이끌어 가는 것이 힘들고 어려운 일입니다.

성공에는 두 가지의 종류가 있습니다. 하나는 타인이나 자신에게 부끄러운 지적을 받지 않는 성공이고, 다른 하나는 지탄과 손가락질을 받는 성공입니다. 전자는 자신의 경쟁력으로 성공한 자이고 후자는 자신보다 남을 이용하고 희생을 강요하며 성공한 사람입니다. 우리가 전자의 길을 택해 성공해야 하는 이유가 있습니다. 명예롭지 못한 성공은 진정한 성공이라 볼 수 없기 때문입니다.

누구를 위해 성공을 하려 하느냐고 물을 때 선뜻 대답하지 못하는 사람이 있습니다. 그런 사람은 성공을 자신의 탐욕을 충족시키기 위해 준비해 온 사람이 분명합니다. 그리고 성공한 것처럼 내세우거나 보일 뿐, 크게 성공한 사람이라 말하기 어렵습니다. 모든 면에서 목표가 분명하게 서 있는 사람이 성공하기 때문입니다.

나의 인생

군밤은 그 자신의 겉껍질을 태우고 속살을 익혀 내놓습니다. 성장하는 과정에서 아픔이 없을 수는 없습니다. 어린이에서 어른이 되는 순간까지 우리는 참 많이 힘겨운 일과 마주하게 됩니다. 험난한 순간을 잘도 견디며 성장하는 사람이 있는 반면, 아프고 힘겨운 일을 만나면 당황하고 이겨 내지 못하는 사람이 더 많습니다.

너나 할 것 없이 좋은 일들만을 소망하고 살아가기 때문입니다. 좋은 것을 받아 내는 손이 큰 것에 비해서 자기가 싫어하는 것을 받아 드는 손은 작습니다. 그러다 보니 언제나 행복은 작은 것 같고 슬픔은 크게 다가오는 것 같습니다.

인생은 좋은 일이 더 많기보다 슬프고 나쁜 일이 더 많습니다. 좀 더 행복하고 기쁘게 생활하기를 바라는데 마음먹은 대로 잘 안 되지요. 우리의 소망은 때가 되어 열리는 산속의 열매나 과수원의 과일이 아닙니다. 나에게 안길 행운이 다가올 때가 이르렀다고 여기면서 들떠서 지내는 순간, 바라는 열매는 열리지 않고 바람이 불고 어두운 구름이 앞길을 막아섭니다.

투정을 부린다고 해서 슬픈 일이 사라지는 것은 아닙니다. 안아서 이겨야 합니다. 녹여서 지워야 합니다. 자신의 노력이 중요합니다. 잎이 떨어지지 않고서 나무는 다시 푸르러지지 않습니다. 병아리는 달걀 껍데기를 깨고 누에는 가죽을 벗으면서 다시 태어납니다. 아침은 깊은 어둠을 먹고서야 다시 밝게 빛을 발합니다. 자신을 태워서 빛을 밝히는 초처럼, 내가 행복하기 위해서는 나의 일부를 녹여야 합니다. 나의 일부는 어느 정도 아파야 합니다.

가시가 있는 장미는 가시 꽃이라 말하지 않고 장미라고 말합니다. 타인이든 자신에게든 더 나은 성장을 위해서는 반드시 희생이 놓여 있어야 합니다. 정성 없이 만드는 식당의 음식이 맛있지 않습니다. 사람의 관계 또한 그러합니다. 정성껏 가꾸는 화원이 아름다운 것처럼 사람의 관계와 나의 성장에는 이런 아픔들이 씨가 되어 심어져야 합니다. 당신도 아프고 나도 아픕니다.

어제도 저는 힘겨운 일이 있었습니다. 정말 두 번 다시 이런 일은 없었으면 좋겠다고 푸념하고 기피하려는 순간, 다시 다가오는 슬픔에 데일 수밖에 없습니다. 어제는 내일은 고통이 없을 것이라고 기대한 바로 오늘입니다. 그렇다고 내일은 오늘과 같지 않을 것이라는 믿음을 저버려서는 안 됩니다. 내일도 우리에게는 적지 않은 힘겨운 일이 다가올 것이기 때문입니다.

바람을 맞으면서 아파하고 소리치는 꽃은 없습니다. 사람의 발에 밟히는 잡초가 소리치며 벗어나려고 안간힘을 쓰지 않습니다. 순응하는 자리에서 그대와 나는 비로소 세상의 꽃이 됩니다. 갑자기 우박이 내리는데 피한다고 되는 것은 아닙니다. 구름은 비가 되고 우박이 되고 눈이 됩니다. 보슬비가 되고 안개비가 됩니다.

같은 하나가 수없이 많은 형상으로 변화를 거듭합니다. 나의 인생도 마찬가지입니다. 나의 인생은 슬픔이 되고 미소가 되고 기쁨이 되고 우울 이 되고 행복이 되고 절망이 됩니다. 그러나 이 모든 것은 나의 인생입니다. 나의 인생은 버릴 수 없습니다.

무엇이든 그 자리에서 감내하는 인내가 준비되지 않으면 인생은 미로 속의 미로가 될 뿐입니다. 제대로 걷기까지 수없이 많은 넘어짐이 있었습니다. 모든 생명이 고통으로 부화가 됩니다. 그대와 나는 무수한 시간을 바치고 수고를 바치고 누군가에게 고통을 안기면서 태어났습니다.

지금 흔들리지 않고 넘어지지 않으면 살아가기까지 바쳐야 하는 수고와 고통을 평생 마주해야 합니다. 이것은 또 다른 생명 탄생의 과정입니다. 시련은 마치 시험과 같습니다. 지루하지만 시험을 마치고 나면 우리의 인생은 머지않아 조용하고 안락한 행복이 찾아올 것입니다.

깨우친 성자를 보고 위대하다고 말을 하지만 깨우치기까지에는 인고의 시간 여행이 있었습니다. 자신보다 행복해 보이고 행복할 것이리라 판단하는 사람들의 인생에 말을 건네 보면 숱한 우여곡절이 있었음을 알게 합니다. 어느 날 갑자기 행복한 사람은 없습니다.

아픈 청춘이 ————

생각이 나침판

밤이 깊은 후에야 밝은 아침을 잉태하듯이 쉽게 판단하지 않고 생각이 깊어야 현명한 지혜를 체득할 수가 있습니다. 생각은 인생의 나침반입니다. 산속에 갇히지 않고 길을 찾아내려면 나침반이 필요하지요.

생각이 지혜롭다는 것은 깊이 생각할 줄 안다는 것입니다. 똑똑한 사람이 실수하지 않는 게 아니라, 깊이 생각하는 사람이 실수가 적습니다. 깊이 생각한다는 일은 같은 문제를 두 번, 세 번 반복해서 생각해 보는 것입니다. 어제 생각한 것보다 내일 생각한 것이 좋고 한 번 생각한 것보다 두 번 생각한 것이 좋은 결론이 됩니다. 그런데도 성급하게 결론을 내리는 일을 즐겨 하다가 많은 실수를 하고 살아가는 게 우리 모습입니다.

저는 아주 빠른 판단과 결론을 내리면서 살아갑니다. 그렇게 선택하고 내린 결론은 여지없이 실수한 보따리 가져다줍니다. 판단 미숙으로 마주해야 할 고난이 적지 않으나 저는 다람쥐같이 벗어날 줄 모릅니다. 나의 재주를 믿기 때문이지요. 자신의 판단이 정확하다고 믿는 확신이 큰사람일수록 실수가 잦고 실수로 인한 결과도 적지 않습니다. 세상의 많은 고난은 다른 사람이 가져다주는 것이 아니라 스스로 만드는 경우가 허다합니다. 저는 이런 실수를 습관적으로 행하고 있습니다. 깊이 생각할 줄 모르기 때문이지요. 님은 오늘 하루를 어떻게 보냈습니까?

매사에 나와 같이 즉흥적으로 결론을 내리지는 않습니까? 그러다가 실수 때문에 아파하지는 않습니까? 없어도 되는 근심을 만들고 후회하는 삶을 살지는 않습니까? 실수가 적으면 근심도 줄어들게 됩니다. 그러면서도 실수가 잦은 것은 깊이 생각하는 습관에 길들지 않았기 때문입니다. 운명은 자기 생각에서 결정이 됩니다. 물론 원치 않는 불행은 얼마든지 있습니다. 그러나 인생을 화폭의 종이라고 생각해 보면 내가 그리는 대로 가는 것이 인생임을 알게 합니다. 장미를 그리면 장미가 되고, 자동차를 그리면 자동차가 되는 것이 인생입니다.

먼저 구상하지 않고 좋은 그림을 그릴 수 없는 것처럼 인생의 그림을 그리는 것도 이와 같습니다. 우리는 지금보다 나의 인생의 그림을 좀 더 잘 그릴 수 있습니다. 누구나 백지 한 장을 받아 들고 있습니다. 붓도 준비되어 있고 물감도 준비되어 있습니다. 그리는 것 또한 내게 선택권과 자율권이 있습니다. 그리다가 다시 그리고 싶으면 종이를 바꾸면 되듯이 인생도 그러합니다. 그런데 인생은 단 한 번의 여행입니다. 그래서 낙서를 자주하면 안 됩니다. 실수를 자주 하면 여백이 없어집니다. 한번 그려진 인생의 낙서는 좀처럼 지워지지 않고 살아가는 내내 남겨집니다.

만약 화가에게 종이 한 장만 준비된다면 화가는 처음부터 작품 구상에 만전을 기할 것입니다. 오직 한 번 그릴 기회를 날려 버릴 수는 없기 때문입니다. 마치 얼마든지 태어나는 것처럼 인생을 쉽게 살아가는 사람들이 있습니다.

아픈 청춘이 ———

저는 한때 한 번이 아닌 수없이 여러 번 태어나는 것처럼 인생을 낭비한 적이 있었습니다. 되는 대로 흥청망청 살았습니다. 내게 주어진 시간이 영원할 것이라는 착각을 갖고 있었습니다. 지금의 젊음이 영원히 이어질 것 같은 망각을 이어갔습니다.

대체로 저는 삶의 실수를 교훈으로 삼지 못해서 한동안 실수를 이어 갔습니다. 고독한 때가 많았습니다. 급기야 무엇 하나 해 놓은 것 없이 시간이 흘러갔다는 사실과 만남을 갖게 되었습니다. 두렵고 초조한 마음이 들었습니다. 이제 비로소 제게 남겨진 시간이 얼마 남지 않았다는 사실에 눈을 뜨게 되었습니다. 삶이 얼마나 숭고하고 그냥 보내 버린 시간이 위대하다는 사실을 이제야 느끼고는 소스라치게 놀랍니다.

후회의 비늘이 한 움큼 만져집니다. 조금 더 깊이 생각하는 삶을 살아오지 못했을까? 지금도 후회의 빗방울은 온종일 내리고 있습니다. 실수가 많으니까 삶이 너무 아프게 돌아갑니다. 생을 잘 살지 못했다는 후회는 지독하게 아픈 자책입니다. 지갑 속의 돈을 낭비하는 것은 다시 채워지지만, 인생의 시간은 다시 채워지지 않습니다. 가져올 수 없고 벌 수 없는 게 인생의 시간입니다.

지금도 우리는 시간을 낭비하고 있습니다. 이제야 나는 시간을 아껴 쓰는 소비자가 되어야 한다는 사실을 아주 뒤늦게 깨닫고 있습니다. 이제 내 지갑 속에 있는 시간은 얼마 남지 않았습니다. 그대도 그러할지 모릅니다. 자꾸만 비어져 가는 시간의 지갑 속을 바라보는 나는 삶이 얼마나 위대한 여정인지 알게 되었습니다.

COUNSEL **125**
작은 목소리

관점이 다른 사람에게 목소리를 높여 쉽게 격노하는 것은 이해심의 빈곤을 증명하는 것으로, 타인들로부터 존경심을 얻기 어렵고 마땅한 벗이 머물지는 않게 됩니다.

길거리에서 큰소리가 나면 우리는 놀라면서 귀를 막게 됩니다. 그리고 하필 소리가 요란한 시점에 그곳을 지나치게 되었는지 후회하게 됩니다. 이는 남의 얘기를 들어 주지 않고 말하는 것을 가로막으며 큰소리를 치는 사람과 만나도 같은 후회를 하게 됩니다.

남의 얘기를 듣기 싫어하거나 남의 얘기가 자신과 다르다고 큰소리를 자주 치는 사람은 자기 생각이 모두 옳다고 여기기 때문입니다. 다른 한 가지는 남의 생각을 존중하는 마음이 없기 때문이지요.

저는 사람의 생각이 모두 같지 않다는 사실을 이제야 알게 되었습니다. 아니, 알기는 알았지만 인정하지를 않았던 것 같습니다. 돌아보면 유독 나와 생각이 다른 사람에게 큰소리를 치고 들으려 하지 않은 것 같습니다.

얼마나 많은 사람이 나와 만나는 자리에 함께 있는 것을 후회했을까요. 생각하니 부끄러운 마음이 적지 않게 솟아납니다. 다른 것을 인정한다는 것은 나와 다른 모양을 이해하는 것이 아니라 나와 다른 생각을 이해하는 것입니다. 다른 생각을 이해하고 시작하는 만남은 우선 편합니다.

나와 다른 사람이 같은 생각이 되는 것이 소통이 아니라 다른 것을 수용하는 것이 진정한 소통입니다.

이래저래 저는 단점이 많은 사람입니다. 귀를 닫아둔 사람이었지요. 물은 밑으로 흘러가면서 수직적으로 흡수를 시키면서 소통을 하지요.

위에서 내려오는 물은 밑에 있는 물을 그대로 받아들여 하나로 동화가 됩니다. 그런데 사람은 마주 보면서 살아가는 존재이지요. 상호 존중과 수평적인 상태가 아니면 서로 하나가 될 수도 없고 다툼이 많아집니다. 마주하는 모든 것에는 조율이 필요하고 이해하는 기준이 있어야 합니다. 그렇게 하지 않으면 마주한 상대는 나의 적이 되기도 하고 나와 다투는 사람이 됩니다.

세상이 시끄러운 것은 마주하는 사람을 대하는 기준이 정확하지 않기 때문입니다. 남의 얘기는 곧 내 생각으로 재생산됩니다. 좋은 말들을 들으면 내게 깨우침이 되지요. 말을 많이 하는 것보다 더 듣는 일이 유익한 것은 이러한 이유 때문입니다. 사람마다 생각이 다르다고 말하면서도 실제로는 다른 사람들의 생각은 들으려고 하지 않는 습관이 우리들의 만남을 불편하게 합니다.

남의 얘기를 잘 들어 주는 것은 나를 들여다보는 거울을 갖게 되는 일입니다. 마주한 모든 사람은 자신의 스승이 되어 줍니다. 생각이 다르다는 것은 곧 상대가 나와 대화를 나눌 때 어느 정도는 다른 생각을 말한다는 뜻입니다. 화를 내는 순간 아무리 좋은 말을 해도 앞의 상대는 스승이 아니라 원수로 변합니다.

다른 것을 수용한다는 것은 곧 내 생각이 사람들로부터 인정받는 길이 됩니다. 다른 사람의 생각이 나와 다르지 않다면 상대에게도 내 생각이 다르다는 것을 의미합니다. "너, 왜 생각이 그 모양이니?" 하는 순간은 대화는 단절되고 소란스러운 관계로 발전이 됩니다.

남과 대화를 나눌 때는 자신의 메아리 소리를 듣는 것 같이 감정의 변화를 보이면 상대가 불편해합니다. 상대의 목소리를 귀담아 듣는 자세는 곧 내 인격의 크기를 증명하는 순간이 됩니다.

아픈 청춘이 ————

말을 아끼는 수업

말을 아껴 품위를 지키는 것은 크게 수고하지 않고 명예를 드높이는 길이 됩니다.

등산해서 산에 올라갔는데 가만히 있는 바위가 말을 걸어온다면 그 순간은 기분이 좋은 일인데 자꾸 볼 때마다 말을 걸어오면 이게 사람인가 바위인가 싶기도 하고 바위는 제 모습을 잃어버린 게 됩니다.

이런저런 재미있는 얘기를 나누는 것은 생활을 즐겁게 해 준다는 것에 동의합니다. 그러나 필요 이상으로 말을 많이 하는 사람이 있습니다. 같은 말을 여러 번 하면 신선함이 줄어들게 됩니다. 신호등의 파란불이 연속해서 두 번 켜지면 사고를 부르게 됩니다. 말은 간결한 것이 좋은데 그걸 알면서도 계속해서 같은 말을 하면서 사람을 지루하고 짜증 나게 하는 데는 자기를 내세우거나 주도하려는 욕심 때문이지요.

저 같은 경우에는 비교적 말을 많이 하는 편입니다. 물론 쓸데없는 얘기보다 여러 가지 구상한 것을 제안하는 성격이 많지만, 발표할 때 지나치게 늘어지는 경향이 있다고 합니다. 고려해 보라고 주변에서 충고를 해 주는

데도 한번 열리면 닫을 줄 모릅니다. 듣는 사람이 고개를 끄덕이고 있으면 그게 지루한 것을 참느라 용을 쓰는 건데 그것도 모르고 그 지점부터 열을 내고 달립니다. 급기야 상대는 지쳐가지요. 이럴 때는 거의 상대방에게 화병을 안겨 주는 단계가 됩니다. 예전에는 말을 적게 한 것 같은데 어느 순간 내가 말이 많아졌구나. 좀 줄여야지 하면서 일단 입을 열면 줄줄줄 멈추지 않고 나오게 됩니다.

나는 좋을 줄 모르겠으나 듣는 사람은 역겨웠을 수 있을 것입니다. 그것도 모르고 '이 사람 남이 말하는데 왜 딴짓하고 그래 무식하기는….' 하고 생각합니다. 무식한 건 정작 자신인데요.

침묵은 인품의 저장소입니다.

말은 자신의 성품을 담고 밖으로 걸어 나옵니다. 적은 소식이 건강에 좋다는 말을 합니다. 말 또한 적게 하면은 인품을 드높이는 수단이 되어 줍니다. 한 번에 자신을 드러내 놓고 싶어 하면 자연적으로 말을 많이 하게 됩니다. 상대를 이해시키고 싶어 안달이 나는 것은 상대를 내식화하려는 본능 때문입니다.

단순한 뜻을 전달하는 사람은 말을 많이 하지도 않습니다. 아침은 서서히 밝아 오지요. 날씨가 갑자기 어두워졌다 밝아졌다 하면 빛도 그렇고 어둠도 그렇고 별로 좋아하는 사람은 많지 않을 것입니다.
대화는 양념이어야지 요리의 주제가 되면 별로 호감을 느끼지 않습니다. 기회를 보면서 말을 많이 해도 되는 자리인지 조금 해야 하는 자리인지 알고 대화를 나누는 것은 중요한 것 같습니다.

돌고 도는 사람

앞에서 입을 맞춘다고 하여 전부 내 사람일 수는 없고 등일 보이고 떠난 사람이라 하여 내 사람이 아닌 것은 아닙니다. 내 사람이 남이 되고 남이 내 사람 되는 것이 인과관계입니다.

그러니 앞에 있는 사람에게 모든 것을 내줄 필요는 없고 돌아서는 사람의 등을 향해 침을 뱉으며 냉대할 필요는 없습니다. 세상 사는 것이 이렇습니다. 산에 오르면 내려와 오르던 땅을 다시 밟게 됩니다. 인생은 돌고 도는 것이라고 말합니다.

정말 그렇습니다. 사람들은 자신이 알고 있는 사람을 자신의 사람이라고 여깁니다. 꼭꼭 숨기며 지나치게 벽을 쌓고 좀처럼 소개를 하지 않는 사람들이 의외로 많이 있습니다.

세상에 똥이 되는 것이 두 가지가 있는데 하나는 입안에 들어가는 밥이고 자기 사람이라고 꼭꼭 숨겨 놓는 사람입니다. 세상에 자기 사람은 없습니다. 지나치게 아끼고 집착하는 것은 스스로 자신감이 없기 때문입니다.

실지 매사에 자신감이 넘치는 사람은 자기가 알고 있는 사람을 자기 사람이라는 생각을 하지 않고 기회가 닿을 때마다 소개하는 것을 즐겨 합니다.

세상의 모든 사람이 누군가의 소개와 목적에 의해 만남을 갖게 됩니다. 태어나면서 친구가 있는 사람은 세상에 있지를 않습니다. 그러나 사람들은 누군가를 만나 내 사람이라는 딱지를 붙여 놓고 혼자만 알고 관리하려고 합니다.

누가 연락을 하면 "야, 왜 내 허락도 없이 내 사람한테 연락을 하고 그래. 뒤에서 무슨 짓을 한 거야?" 이런 사람들은 누군가 자기 사람과 놀아날 거라는 불안한 생각이 빠져 지내게 됩니다. 이런 태도는 모두 자신감이 없기 때문입니다. 인간은 사람을 만나는 일은 매우 즐겁고 신나는 일입니다.

나를 아는 사람들에게 자신이 아는 사람을 소개해 주고 둘이 협력하여 잘 살 수 있도록 자릴 만들어 주는 배려가 필요합니다. 나와 인연을 맺어 일이 잘되지 않은 사람이 내가 아는 사람을 소개받아 잘 풀리는 경우가 적지 않습니다. 넓은 마음을 오픈하고 내가 아는 상대에게 이런저런 사람을 소개하여 좋은 길을 선택하고 기회를 나누어 갖도록 하면 그 복은 나중에 자신에게 돌아옵니다.

물론 둘이 만나서 자신보다 친하게 지낼 때가 있고, 무엇인가 협력해서 얻은 것을 자신은 빼 버리고 둘만 나누는 경우도 없지 않아 있습니다. 기분은 좋지 않겠지만 둘이 만나 잘되었으면 그만이고 박수를 보낼 줄 일이지 배 아파하고 분개할 필요는 없습니다.

가뜩이나 벽이 놓인 세상에서 네 사람, 내 사람 따지며 피곤하게 살 필요는 없습니다. 누군가 내게 좋은 사람을 소개해 주어 좋은 일을 경험한 적이 있을 것입니다.

만약 당시 사람을 소개해 준 사람이 지금과 같이 내 사람 따지며 소개를 해 주지 않았다면 자신에게 좋은 일을 오지 않았을 것입니다. 소개받고 소개해 주면서 살아가는 것이 바로 관계성의 삶입니다.

소개해 주면 떠나가는 사람이 있고 뒤에서 험담하는 사람들도 적지 않습니다. 그런 것에 일일이 시비를 붙고 살 필요는 없습니다. 애초부터 내 사람이 없는데, 그냥 그러려니 하고 사는 것이 중요합니다.

물질로 사람을 도와야 돕는 인생은 아닙니다. 좋은 사람을 소개해 주어 기회를 나누게 해 주는 것도 돕는 일이 됩니다. 자기 사람을 주고서 사람을 떠나가지 않게 하려면 더욱 상대에게 잘하면 됩니다.

집착이 세상을 어둡게 합니다. 내 것, 네 것 나누고 선을 그어 놓으면 각박해서 살 수가 없습니다. 어떤 사람은 사람들한테 소개를 많이 받으면서 자신의 알고 있는 사람은 절대로 소개해 주지 않습니다.

그리고 사람을 소개해 주고 나서 마치 큰 보화를 전해 준 것처럼 큰소리치고 으스대는 사람이 있습니다. 소개해 주고 나서 둘이 무슨 일을 하나 수시로 확인 전화하고 감시를 합니다. 참 어리숙하고 못나 보이는 태도입니다.

소개해 주면 그만이지 둘이 강아지 털을 세우며 놀든, 소 불알 바라보며 놀든 관심을 가질 필요가 없습니다. 저는 그런 점에서는 비교적 잘 산 인생입니다. 저는 사람을 많이 소개하는 편입니다. 이 사람은 누구를 소개해 주면 좋을까를 먼저 생각합니다.

이 사람은 이런저런 것이 부족하다고 느끼면 상대가 소개해 달라고 부탁을 하지 않았으나 즉시 내가 먼저 나서서 거기에 적합한 사람을 연락해서 소개해 줍니다. 저는 내 사람이 없습니다.

아니, 많은 사람을 알고 있지만 한 번도 내 사람이고 생각해 본 적이 없습니다. 밥을 굶기면서 내 강아지라고 키우겠다고 고집 피우는 것이나 별 도움도 안 주면서 전화번호 책에 가두어 놓고 내 사람이라고 자랑을 늘어놓는 것이다. 전혀 보기 좋은 태도는 아닙니다.

아픈 청춘이

따스한 말이

고운 말로 열리지 않는 마음의 문은 없습니다. 누구나 알고 있는 사실이면서 정작 상대에게 고운 말을 건네면서 살아가는 사람은 많지 않습니다.

강한 어조와 상대를 설득시키려는 마음만 앞서 있지 나의 말이 상대에게 어떤 영향을 줄 수 있는지는 잘 생각해 보지 않는 것 같습니다. 말은 사람의 얼굴과 같습니다. 인격의 기준이 되고 무엇을 하는 사람인지가 드러납니다. 따스하게 말을 하는 사람들은 정말이지 가슴이 따스합니다.

물론 인사치레로 말을 건네는 사람이 있지만 거친 말을 하는 사람들보다는 낫습니다.

말 잔치의 세상입니다. 글보다 말이 많고. 여유보다 성급함이 많습니다. 이해관계가 많은 세상이기 때문일 것입니다. 말을 제조하는 것은 바로 나의 생각이고 내면의 깊이입니다. 마음에서 나오는 말이기 때문이지요.

솔직히 저 같은 경우에는 지금도 가끔은 고운 말을 사용하지 않습니다. 당연히 제 인격의 얼굴은 좋은 모습이 아니었을 것입니다. 후회를 많이 하는 편이지요. 이러지 말아야 하면서도 감정이 섞이면 이내 자제력이 사라집니다.

고운 말은 상대방에게는 책이 되고 자신에게는 고전이 됩니다.

대화가 부족한 시대이면서 고운 말이 사라지는 시대인 것 같습니다. 우리에게 대화가 사라진 것은 고운 말을 하지 못하기 때문은 아닌지 돌아봅니다. 말을 하더라도 닫힌 문을 열어 주는 말을 한다면 세상은 대화가 단절된 고독의 성이 되지는 않았을 것입니다.

누군가 나로 인해 마음의 문을 닫은 사람이 있었을 것입니다. 그런 모든 사람에게 미안한 마음을 전합니다.

부정적인 말을 들은 화초가 시들시들하다가 빨리 죽는다는 사실은 우리들의 말이 사람의 생각을 죽이고 마음에 상처를 낼 수 있는 날카로운 무기가 될 수 있다는 결론과 마주하게 합니다.

나는 지금 이 순간의 나의 깨달음이 나의 말을 변화시키고 내 인격을 변화시키는 충분하고 명백한 동기가 되어 주기를 희망해 봅니다.

허물을 벗는 사람

떨어진 쓰레기를 줍는 사람은 아름다운 사람이나 자신의 허물을 벗는 사람은 더욱 아름다운 사람입니다. 거리에는 참 많은 쓰레기가 굴러다닙니다.

청소하는 사람은 따로 있고 버리는 사람은 따로 있습니다. 도시의 곤충 같은 쓰레기를 줍는 사람을 보게 됩니다. 어떤 때는 남이 버린 쓰레기를 주머니에 넣어 가는 사람을 본 적이 있습니다.

어둠이 내린 도시의 미관을 더욱더 을씨년스럽게 하는 것은 아무렇게나 버려져 뒹굴고 있는 쓰레기입니다. 빛이 종료되고 사람의 아우성으로 흥청망청 도배되는 도시 골목은 그래서 고독이 날개를 펴고 날아다니는 듯합니다.

잃어버린 자신을 찾는 휴식의 낭만은 허전함으로 종료됩니다. 마침표를 찍고 돌아서서 가는 그 길에서 우리는 더욱 잃어버린 자신과 무너진 자화상의 주인공이 되어야 합니다. 쓰레기를 주머니에 넣어 가지고 가는 사람은 도시의 미술가입니다. 무슨 생각으로 쓰레기를 주머니에 넣어 가는 것일까요. 그는 환경미화원의 일손을 덜어 주는 천사의 손길입니다.

나는 그 광경을 바라보면서 허기진 배를 채우듯이 교훈을 마구 먹었습니다. 그리곤 생각을 곱해 보았습니다. 마음의 허물로부터 쓰레기가 버려진다는 것과 우리 마음의 허물을 벗는다면 도시의 쓰레기가 더는 피어나지 않는다는 것을….

아픈 청춘이 ─────

단점이 장점이 된다

자신의 단점을 잘 알고 있는 사람은 자신의 장점을 알고 있는 사람보다 지혜롭거나 현명한 사람입니다. 특출난 재능을 가지고 있거나 장점이 많은 사람에게는 오히려 단점을 발견하는 눈이 밝지가 않습니다, 그러기에 장점이 가려지는 경우를 종종 보게 됩니다.

이는 저 자신에게도 경험이 있습니다. 자신이 부족한 것을 발견하기 위한 노력을 하지 않기 때문이지요. 장점이 많아야 사람다운 구실을 하고 사는 것은 아닌 듯합니다. 사람에게 단점이 없을 수는 없습니다. 장점이 많아서 으스대는 사람을 대하는 것보다 부족한 것에 눈을 뜨는 사람이 더욱 아름다워 보이고 그런 사람에게서 희망을 발견하게 됩니다.

당당함의 이면에는 우리가 모르는 부족한 구석이 엿보이게 됩니다.

타인의 행복을
지키는 사람이 되자

타인의 행복을 해치지 않는 것은 참으로 경건하고 명예로운 삶입니다. 남을 해하는 일이 너무나 자주 발생하는 시대가 된 듯합니다. 우리가 미처 깨우치지 못하는 문명의 오판이 부른 결과입니다. 너무나 당연시되는 타인을 향한 가해 행위는 이제 하나의 문화로 자리를 잡았습니다.

그만큼 타인의 행복을 해치는 일에 능숙해진 우리 각자가 가면을 쓴 채 서로의 손을 잡고 거릴 활보하고 있습니다. 누구의 손에 가시가 쥐어져 있는지 아니면 가시를 들고 어느 사람을 대상으로 정하고 상처를 내며 살아가고 있는지 헤아리기 쉽지 않습니다.

무작정 사람이 그리운 시대는 과거의 유물일 뿐입니다. 이제는 사람이 그리운 것이 아니라 사람이 무서운 세상이 된 것 같습니다. 사람을 만나면 벽이 없기를 바라면서도 정작 그 자신이 하나의 두꺼운 벽을 세워 놓고 살아가고 있습니다.

벽은 더욱 두꺼워지고 가까이 다가갈 수 없는 메마른 사회는 빠른 속도로 성장하고 있습니다. 너무나 당연하게 자신이 잘되기 위해 살생부를 오른손에 들고 타인과 마주하고 있는 것입니다.

그는 벽이고 그를 바라보는 나도 벽입니다. 그래서 우리는 언제나 타자로 살아가야 합니다. 사회를 위해 큰 공헌을 하지 않아도 나와 다른 사람들의 삶을 내가 잘되기 위해 해치는 삶만 살아가지 않더라도 서로 앞에 가로놓인 그까짓 벽은 잠을 자고 나면 금방 허물어져 버릴 수 있을 것입니다.

어떻게 생각하십니까?

꿈의 묘약

어둠 속에 갇혀 있을수록 빛을 찾아내려는 노력,
절망적일수록 희망을 키워내려는 집념,
아무것도 할 수 없을 때 무엇인가 찾아내려는 열정!
이것이 바로 인생입니다.

어떠한 상황에서든 꿈을 버리지 마세요.
꿈은 미래를 가져다주고 현재를 개선하며,
살아서 존재하게 하고 실패를 치료하며,
절망을 가두고 희망을 부르며,
용기를 선물하고 살아 있다는 사실에 희열을 느끼게 하며,
자신의 존재 가치에 눈뜨게 하며,
생명력을 증대시키는 힘이기 때문입니다.

자신이 가지고 있는 행복의 가치를
진실로 귀히 여기고 헤아리는 사람은
타인의 행복에 대한 가치가 무엇이며
얼마나 소중한지를 아는 법입니다.

남의 행복을 자기 것인 양 마음대로
훼손하고 상처를 주는 사람은
그 자신 행복의 가치를 모르거나
삶 자체가 행복을 추구해 오지 않았다고
보아야 할 것입니다.

왜냐하면,
행복이란 정당하고 바른 소망과
실천의 결과이기 때문입니다.

아무리 험난한 고통도 주저앉지 않고
극복했을 때는 언제 다가올지 모르는
더 큰 고통을 치료하는 명약이 되어 줍니다.

그 시간을 의연하게 지나갔을 때
훗날 희망으로 변화되지 않는 고통은 없습니다.
그러므로 오늘의 고통은 내일의 고통을
이겨 내는 귀중한 자산입니다.

나는 3

마주하고 있는 상대는 나를 얼마나 이해를 하고 있을까? 누구나 궁금해 하는 일입니다. 이해를 많이 받고 살아간다는 것은 매우 신나는 일이기 때문입니다.

나를 이해해 주는 사람을 가까이 두고 관계를 갖는 순간 삶의 여유가 생기고 잡음 없이 원만한 관계를 이어가게 됩니다. 못나고 부족한 우리는 나를 이해해 주는 사람을 많이 만나야 불행으로부터 멀어질 수 있습니다. 이해를 받고 살아가는 사람과 이해를 받지 못하고 살아가는 사람은 얼굴빛부터 다릅니다. 믿는 구석이 있어야 생활도 재미가 있고 활력이 넘쳐나게 되지요.

사람은 누구나 좀 더 이해받기 위해 새로운 만남을 찾아 나서게 됩니다. 그만큼 외로운 시대를 살아간다는 뜻이지요. 이해심은 상대에게 존재감을 직시하는 거울을 안겨 줍니다. 이것은 상당한 삶의 에너지로 작용하지요. 다른 사람에게는 손가락질을 받아 힘겹고 우울하게 지내는 사람들이 자신을 깊이 이해하는 한 사람을 곁에 두고 지낼 때 심리 상태에서 작은 생의 반전을 맛보게 됩니다.

반면에 '나는 얼마나 상대를 이해하고 있을까?'라는 깨우침은 더디게 오는데 이런 뒤늦은 깨우침이 불화를 키우는 동기가 됩니다. 내가 상대를 이해하고 있나 라는 깨우침의 순간까지 도달하려면 매우 양심적이든지 섬세한 인품의 소유자든지 아니면, 왜 마음을 몰라 주는 거냐며 외치는 상대의 절규가 따라 주어야 합니다. 그만큼 우리는 상대를 이해하는 데 둔감하거나 무관심의 상태에 정지되어 있습니다. 다만 이해하고 있다고 느낄 뿐입니다.

누구나 후자보다 전자의 입장에 서 있습니다. 타인을 이해하는 일에는 서툴고 이해받기를 바라는 마음은 크고 잘 발달되어 있습니다. 조금만 더 자신을 이해해 준다면 내가 잘할 수 있을 텐데 사람 마음은 몰라 주고 저러나 싶을 때는 야속함은 누구나 겪고 사람을 만나게 됩니다.

'저 사람 말투를 보면 나를 조금도 이해하지 않고 있는 게 분명해. 그러니 내가 잘할 수가 있나.' 이리저리 머리 굴려 살피고 숱한 의문과 질문을 던지면서 상대와 마주하고 있습니다.

갈등이 피워내는 일들을 보면 모두가 자신의 입장에 서는 일을 멈추지 않기 때문입니다. 그러다 보니 상대가 곱게 보일 리가 없습니다.

상대로부터 자신이 이해를 받고 있는지에 대한 관점은 함께 동거하고 있는 사람한테만 그런 것이 아니라 관계를 하는 모든 사람에게 무엇보다 절실한 사안입니다.

상대가 나를 이해하는 감정의 빈곤이 적다는 생각은 우리를 아주 미치도록 외롭게 합니다. 나를 이해하고 있다는 확신이 드는 때 감겨오는 행복하고 뿌듯한 기분은 흥겹고 벅차기까지 합니다. 많은 사람이 이해하기보단 이해를 구하기 위해 상대를 만납니다.

어깨를 부축해 주고 기댈 수 있는 사람을 찾는 것은 그만큼 우리 자신이 외롭기 때문입니다.

싸움의 발단은 거의 다 자신이 상대로부터 이해를 받지 못하고 있다는 예감 때문에 일어납니다. 이런 느낌은 여기서 그치지 않고 쉽게 사라지지도 않으며 언제나 가슴 한 칸에 머물면서 상대를 부정적으로 바라보는 데 사용되곤 합니다.

우리가 상대의 참모습을 제때 발견하지 못하는 이유는 더 이해하고 덜 이해받는다는 판단 때문입니다. 개인의 처지와 상황에 따라서 약간의 차이는 있을 것이나 대다수가 이런 엉킨 생각의 틀 속에서 지낸다는 결론은 무리가 없다고 봅니다.

자신은 상대를 많이 이해하는데 상대는 나를 덜 이해하고 있다는 결론은 상대를 소중하게 여길 기회를 박탈하게 되고 서서히 불신을 키우는 동기로 발전하게 됩니다. 따져보면 이것만큼 기분 상하는 일이 없습니다.

괜히 손해 보는 듯한 감정들이 관계를 더욱 부자유하게 하고 소란을 키우게 됩니다. 점점 더 상대에게 더 많은 이해를 구하게 되고 그럴수록 불신이 깊어집니다. 종국에는 상대는 나를 이해하지 않았고 자신은 상대를 아주 많이 이해해 왔으며, 그나마 둘이 관계를 유지할 수 있는 것은 상대보다 자신이 이해심이 훨씬 많았기 때문이라는 어설픈 결론에 도달하게 합니다.

아픈 청춘이 ──────

그렇다면 상대는 자신의 이런 생각을 어떻게 받아들이고 어떤 결론을 내리며 자신을 대할까 궁금하지 않을 수 없습니다.

이런 점은 상대도 나와 별반 다르지 않습니다. 이것은 판단 미숙의 덫입니다. 상대가 나를 이해하고 지내고 있다는 결론을 내리는 사람은 그리 많다고 할 수 없습니다. 그와 같은 생각에 도달한 사람들은 참으로 적지 않게 상대에게 요구한 것보다 그 이상 이해를 받고 지낸 기간이 있었거나 어떤 계기가 있었을 것입니다.

우리는 '나는 상대를 많이 이해하고 포용하지만, 상대는 나를 이해하지 않는 것 같아.'라고 속단을 내리는 데 자신도 모르게 익숙해져 있습니다.

그러면서도 이해받기를 바라는 마음은 누구나 같습니다. 현재 만남을 유지하고 있거나 같은 공간에서 함께 사는 상대가 나를 이해하고 있을까 하는 문제에 밀착해 있는 것은 애초에 인간이 실수가 잦고 이기적인 동물이기 때문입니다.

그만큼 우리는 상대에게 상처를 남기며 지내고 있습니다. 너나없이 이해받기를 바라는 마음은 강하고 이해를 하는 기술은 빈약한 것이 우리입니다. 우리는 누군가의 이해가 없이는 원만하게 벗어서 살아가지 못합니다. 서로를 이해하는 일에 인색하지 않아야 할 이유입니다. 대다수는 자신이 상대에게 이해를 받지 못하면서 지낸다는 생각에 빠져 있습니다. 그러나 지금 그대 앞에 마주하며 관계를 맺은 모든 사람은 적어도 다른 많은 사람보다는 상대를 이해하고 있다는 사실입니다. 이해하지 않고는 어떤 상대도 그대 앞에 마주하지 않습니다.

얼마나 더 많이 이해하고 있느냐는 매우 중요하지만, 그 크기와 깊이를 논하기에 앞서 상대가 나와 같이 이해하면서 함께하고 있다는 사실을 깨닫는 게 중요합니다. 그러므로 그가 누구이든지 그대 앞에 있는 상대는 소중한 존재입니다. 이러한 사실을 깨닫는 순간 그대의 인간관계는 더욱 폭넓어지고 깊어집니다. 사람은 자기의 입장을 잘 이해해 주는 상대에게 호감을 느끼게 됩니다. 자기를 보호하고 아끼려는 본능적인 대응입니다.

한꺼번에 천 리 길을 당도할 수 없듯이 누군가 나와 함께 긴 시간을 동행해 왔다면 그 길이만큼 자신을 이해해 왔다는 것을 보여 줍니다. 찡얼찡얼 엉겨들면서 불만을 말하고 남의 탓을 논하는 순간 소중한 존재와의 거리는 점점 멀어지게 됩니다. 상대에게 무엇을 해 줄까, 어떻게 하면 좀 더 이해해 줄까 고민하는 사람은 이해를 받으려는 사람보다 행복해질 수 있습니다.

지금 누가 그대 곁에서 머물고 있는지, 무슨 직업을 갖고 있는지, 어떤 사람인지는 중요하지 않습니다. 내가 오직 중요하게 생각하는 것은 그가 다른 어떤 사람보다 그대를 잘 이해하고 이해해 온 사람이라는 사실을 알아야 한다는 것입니다.

곁에 있는 사람을 소중하게 여기기란 참으로 쉽지 않은 일입니다. 흔히들 이러합니다. 앞의 상대는 조금 부족한 사람인데 자신이 이해를 많이 해서 데리고 살거나 만나고 있다고 말입니다.

상대는 맹추가 되고 자신은 드높이는 말은 누구나 하고 살아갑니다. "그 사람 내가 없으면 죽도 없고 국물도 없어. 아마 하룻날 못 버티고 아작 날 거야! 나니깐 데리고 살거나 놀지." 상대는 자신을 이해하지 않고 내가 챙

아픈 청춘이 ───────

기니까 그나마 산다는 말까지 불만 섞인 말들을 주절주절 늘어놓습니다. 누구나 이러한 함정 속에 빠져 지내며 살아갑니다. 특이 앞의 상대를 업신여기는 사람들은 함정에 빠져도 아주 깊이 빠져 지내는 부류에 속합니다.

두 사람 중 서로를 이해하는 기준과 깊이가 같을 수는 없는 문제이니까 그가 하는 말이 일정 부분 타당한 결론일 수 있습니다. 그런데 상대를 더 많이 이해하고 산다고 여기는 사람들치고 정작 이해를 많이 하며 사는 사람은 드문 일입니다.

오히려 상대를 이해하는 마음이 부족한 것 같다고 토로하는 사람들은 알고 보면 더 많은 이해를 하고 있습니다. 상대보다 자신이 부족하다고 느끼는 마음은 상당한 이해심이 없이는 도달할 수 없는 경지에 속합니다.

내가 부족한 사람이야 그런데 상대가 이해를 많이 해 주어 함께 관계를 맺고 있다고 자신 있게 말하는 사람은 드물지 반대로 말을 하는 순간 손해 보는 것 같은 생각이 머릿속에서 고개를 바짝 들고 일어납니다.
다툼이 많은 사람의 관계를 들여다보면 상대보다 자신이 이해심이 많다고 느끼고 있습니다. 이런 사람들은 자의든 타의든 서로에게 상처를 즐겨 만들어 주고 그 골은 의뢰로 상당히 깊습니다.

서로 이해심이 많다고 주장하는 순간이 길어지는 상태에서 둘의 존재가 중요하게 생각될 리 없습니다. 결국, 기다리는 건 이별이거나 이혼의 벽입니다. 누가 더 많이 상대를 이해하고 사는 것일까 평가를 할 때 둘의 주장을 들어 보아서는 그 차이를 제대로 파악할 수 없습니다.

두 사람 모두 자신이 상대보다 더 많은 이해를 하고 살고 있다는 개념에 빠져 있기 때문입니다. 이런 생각의 차이는 결국 서로를 힘들게 하는 덫이 됩니다. 만나는 순간이 지겹고 바라보며 버티는 일이 갈등만 일어나게 합니다. 상대를 이해하는 마음이 작으면 상대가 나를 이해해 주는 마음이 작을 수밖에 없습니다.

이해를 덜 받고 살아가고 있다고 불만을 늘어놓는 사람들은 대다수 상대를 이해하는 마음이 작은 사람들이다. 한쪽이라도 깊이 상대를 이해하고 살아가는 가정이나 만남은 매우 조용하고 넉넉합니다.

상대는 나를 이해해 주지 않고 줄창 내게 요구하고 손해를 입힐 것 같지만 내가 열심히 상대를 이해하는 동안 상대는 나를 이해하는 방법을 터득하게 됩니다. 그러는 사이 자신도 모르게 상대로부터 많은 이해를 받고 살아가고 있다는 사실을 깨닫게 되는 것입니다. 이해는 이해를 부릅니다.

이해는 이해를 넓혀 줍니다. 반면 이해를 하지 않으면 이해를 받을 수 없습니다. 젊었을 적에는 서로 으르렁거리는 부부가 어느 날부터 서로를 이해하고 아껴주는 사이로 변하는 것을 볼 수 있습니다.

서로 이해를 하며 삽시다. 손가락 걸고 그리되지는 않습니다. 그런 부부들은 학습을 통해서 서로가 이해받고 있고 이해를 하며 살아왔다는 사실을 통해 상대의 존재 가치를 새롭게 깨닫게 되었기 때문입니다.

생각을 바꿀 때
반전이 기다립니다

이해는 학습이 필요합니다. 개인의 이기적인 생각은 더 원만하고 완숙한 인격에 도달하는 길을 막아서고 타인을 대하는 데 인색하도록 이끌어 갑니다.

편협한 생각의 틀에 빠지게 되는 순간, 타인은 배제되고 오직 자신의 위치와 관점 속에 빠지게 됩니다. 이해의 빈곤 시대를 살아가는 모든 사람에게 필요한 것은 생각을 바꾸는 일입니다.

바꾸어 생각하지 않고 지내는 동안은 언제까지나 상대를 이해하는 일에서 서툴 수밖에 없습니다. 생각을 바꾸기 위해서는 상대의 입장에서 생각해 보는 일을 즐겨할 때 가능합니다. 거울 보듯이 상대의 처지를 헤아릴 수는 없습니다.

표면적이 아닌 근본적으로 인간은 이기적인 동물이기 때문입니다. 최근에 벌어지고 있는 아파트 층간 소음으로 인해 갈등이 벌어지고, 급기야 벌어지는 살인 사건은 상대를 이해하는 학습을 하지 못했기 때문에 발생한 것입니다.

이웃과 살아가면서 소음이 없을 수는 없습니다. 도시 생활 자체가 소음입니다. 소리를 벗어나서 살아가려면 도시를 떠나 살아야 하겠지요. 가족들이 모여 사는 집에서 밑에 층 사람들 때문에 살금살금 고양이 발을 딛고 지낼 수는 없는 일이지요. 도시에서 살아가는 순간은 소음에 익숙해져야 합니다.

공동화의 삶은 나의 기준을 버리지 않고 삶을 영위할 수 없습니다. 위층에서 지내는 사람들은 다소 조심할 필요는 있습니다. 자신이 밑에 깔려서 생활해 보면 밑에 층에서 소음에 시달리는 이웃의 입장을 충분히 이해할 수 있을 것입니다. 층간 소음은 아이들이 있는 집에서 많이 발생합니다.

그렇다고 해서 아이들이 자유롭게 뛰어노는 것을 방지하기 위해 때마다 제동을 걸어 훈육을 하는 꾸지람은 정서적으로 좋은 일은 아닙니다. 다만, 밑에 사는 사람들이 느껴야 하는 고충을 설명하고 다소 조심해야 한다고 설명하면서 이해를 시킨다면 아이들이 이웃의 고충을 이해하는 기준이 생겨서 사회성 발달에도 좋은 교육이 될 것입니다.

층간 소음이 발생해도 이웃 간에 잘 지내는 사람들은 얼마든지 있습니다. 1층을 제외하고는 모두 층간 소음에 시달리며 살아가지요.

그런데 이번 사건처럼 때마다 시비를 붙고 아래층에서 위층을 뛰어다니며 다툼을 일삼고 살인을 저지른다면 우리 이웃 간에 희망은 사라지게 됩니다. 위층에 사는 사람이 생각을 바꾸어 먹고 가끔은 아래층에 사는 사람에게 사과의 편지를 띄우거나 반찬 하나라도 들고 가서 인사를 하고 이해를 구한다면 그 행위가 따스한 이웃을 사귀는 일이 되는 것이지요. 한 번

아픈 청춘이 ─────

얼굴을 익히고 두 번 얼굴을 익히며 서로를 이해하는 학습을 하게 되면서 층간 갈등은 사라지게 되는 것입니다.

그런데 우리는 이러한 방법을 택하기보다는 아래층에서 좀 조용히 합시다. 진정이 들어오면 당신도 애를 키워보라든지, 이웃 간에 그것도 하나 이해하지 못하냐고 언성을 높입니다. 밑에서 층간 소음에 시달리는 사람의 입장에서는 이 말이 비수와도 같이 날아와 박힙니다. 된장 독도 깨지고 없어진 된장에다 침을 뱉는 격이 되지요.

이 상태에서 싸움이 발생하지 않을 수는 없는 노릇입니다. 위층에서 보면 아래층에 사는 사람들이 그것 하나 이해하지 못하냐고 소릴 지르지만 밑에 층에서 뛰쳐 올라오고 언성이 높아지기까지 꾹 참고 이해를 해 왔다는 사실을 알아야 합니다. 한번 '쿵'하는 소릴 듣고 위층에 뛰어 올라오는 사람은 하나도 없을 것입니다. 이러한 사실을 헤아리는 순간 이웃 간에 이해하는 기준에 반전이 기다리게 됩니다.

밑에 층의 경우 1층에서 살아가지 않는 한 그 또한 밑에 층에 사는 사람들에게는 소음으로 피해를 주는 가해자라는 사실을 알아야 합니다. 자신이 층간 소음 때문에 고함을 지르며 위층으로 뛰어 올라가 소릴 지른다면 아래층에서도 똑같이 누군가 뛰어 올라와서 내뱉는 욕을 얻어먹어야 합니다.

이처럼 사람들은 누군가와 벗해 있어서 서로를 이해하지 않고는 살아가지 못합니다. 나만 상대를 이해하는 것 같으나 상대도 나를 이해하고 있다는 사실을 느끼는 순간이 메마른 사회를 살아가는 지혜이며 그 메마름을 치유하는 묘약이 됩니다. 당신도 충분히 반전의 기회를 가질 수 있습니다.

그대는

상대를 많이 이해하려면 우선으로 기준을 세울 필요가 있습니다. 누구나 자신이 생각하는 것보다 더 많이 상대로부터 이해를 받고 살아가고 있다는 사실을 알게 되면 이해의 폭은 저절로 넓어집니다.

굳이 상대로부터 이해받기를 원하지 않아도 상대는 나를 이해하고 있습니다. 잘 모르거나 망각을 하고 있을 뿐이지요.

상대를 깊이 이해하기 좋은 방법은 따로 있지를 않습니다. 어느 한순간 지그시 눈을 감고 상대의 입장과 나의 입장을 비교해 보는 것입니다. 서로 입장을 바꾸어 생각하는 일은 서로의 상처를 치유하고 이해의 폭을 넓히는 데 가장 유익한 방법이 됩니다. 천성적으로 마음이 넓은 사람이 없지는 않으나. 대다수는 이해하기 위한 준비를 해야 하고 방법을 선택할 필요가 있습니다.

자신의 입장에서는 상대의 처지를 제대로 이해할 수 없습니다. 그러나 자신을 놓아두고 상대의 처지를 바꾸어 생각하는 일은 결코 쉬운 일이 아닙니다. 차분히 상대의 입장을 생각할 때 서운한 일들이 목덜미에 감겨 오

아픈 청춘이 ————

게 됩니다. 상대가 내게 베푼 좋은 일들은 뒤에 숨고 상대에게 당한 서운한 일만 앞의 시야를 가로막지요.

내가 가만히 앉아서 이 짓을 왜 하나 싶고, 더듬어 보면 서운한 짓거리만 골라서 했는데 이러다 보니 엉뚱하게도 죽도록 미워하다가 시간을 보내기도 합니다. 상대의 입장에 서 보는 일에는 훈련이 필요합니다. 한번 돌아본다고 해서 즉시 넓은 마음이 되지는 않습니다.

자꾸 자신을 진정시키면서 상대의 입장에 서다 보면 왠지 자신이 미안하고 상대가 측은해 보이면서 가슴 밑바닥에서 울컥하고 솟아나는 게 생기게 됩니다.

'내가 너무 심했네…. 내가 너무 상대 입장을 외면하고 살았구나.' 하는 느낌이 오는 그 순간이 닫힌 마음의 문이 열리면서 상대를 이해하는 방법을 깨닫는 단계가 됩니다. 가부좌를 틀고 장시간 동안 앉아 수신하는 수행 스님들이 고통을 참고 수도에 전념하는 것은, 사물과 자연이 하나가 되고 그 대상과 하나가 되었을 때 비로소 득도의 오를 수 있다는 것인데, 이것은 모든 수행의 근본 정신입니다.

수도를 통해 도달하는 해탈은 결국 대상을 깊이 이해하는 과정을 거치며 얻어지는 일련의 이해하기 위한 수련입니다. 인간의 만남과 인연 자체가 이해의 결합입니다. 내가 이해를 받고 있지 않다고 느끼는 순간은 그 자신이 상대를 많이 이해하지 못하고 있을 수 있다는 사실에 주목할 필요가 있습니다. 반대편에 서서 상대의 입장을 이해하지 못하는 관계는 발전이 있을 수 없고 파경의 길에 들어서기 쉬워집니다. 무조건 이해를 하라는 말은 아닙니다.

손해 보고 있다는 감정에서 벗어나라는 말이지요. 그것이 상대를 이해할 수 있는 기본정신입니다. 다툼이 많은 관계가 다시 좋아지는 경우는 상대가 더 많이 자신을 이해해 주기 때문이 아니라 상대가 자신을 많이 이해해 주고 있다는 사실을 깨닫게 되는 순간입니다.

알고 보니 상대가 나를 많이 이해해 주고 있었어. 상대편에 서 보니까 내가 옹색하고 너무 상대의 마음을 몰라 주었어! 그래서 나도 상대를 더 많이 이해하게 되었지! 이 말은 주변 사람들로부터 흔하지 않게 들어 보았을 것입니다. 이 말을 들은 우리 자신이 상대로부터 많은 이해를 받고 살아가고 있다는 사실을 증명합니다.

아픈 청춘이 ————

상대를 이해하는 일은

다른 사람의 마음을 이해하는 일이 쉽다면 사회는 결코 이토록 메마르지 않을 것입니다. 지금보다는 다툼이 적은 사회가 되었을 것입니다. 자신의 기준에 갇혀 살아가는 현대인들은 상대를 이해하는 데 시간을 빼앗기고 싶지 않아 합니다. 자신을 생각하는 기준에서 벗어나면 낙오된 것 같고 불안해지기까지 합니다.

'내가 살기도 피곤한데 어떻게 남까지 이해하며 살아.' 하는 생각이 가슴에 잔뜩 쌓여 있지요. 그런 생각의 담벼락은 크고 견고해서 언제나 우리는 타인에게 관대하지 않고 살아갑니다. 서로를 넘볼 수 없는 성벽을 가지고 살아가는 것이지요. 이 문제는 사회성의 희망을 앗아가고 서로 각자가 무서운 이웃으로 살아가게 하는 동기가 됩니다.

지금 당장 생각해 보세요. 지금 당신은 당신의 이웃이 무슨 일을 하며 이름이 무엇인지 그리고 이웃에 벗해서 살아가지만, 인사를 나누는 이웃이 몇 명이나 되는지요. 열 손가락을 자신 있게 셀 수 있는 사람은 타인을 이해하는 폭이 넓은 사람입니다. 그런 반면, 대다수는 내 이웃이 누구인지 잘 알고 지내지 않습니다. 우리는 급하게 도시를 나갔다가 급하게 들어옵니다. 시선을 돌려서 누구를 만나거나 마주칠 일도 없고 마주치려고 생각하지도 않습니다. 이것을 놓고 현대인들은 문화라고 이해하며 살아갑니다. 관심의 실종 시대는 각자를 고독의 성으로 유배시켜 놓습니다. 사람이 없어서 외롭기보다는 사람을 이해하지 않고 자신의 관심 밖으로 돌려놓기 때문에 외로운 것입니다.

현대의 문명이 저지른 실수는 인간을 쫓기는 삶을 살게 한 것입니다. 편리성을 추구하면서 인간은 되려 정신문명의 풍요를 상실하는 대가를 치르고 있습니다. 쫓기듯 사는 우리는 어쩌면 이웃을 생각할 기회와 마음의 여유를 상실했는지 모릅니다. 이러한 사회 구도를 보면 우리 자신이 점점 더 타인을 이해하지 못하는 단계로 진화하는 것이 당연한 일일 것입니다.

점점 더 외로운 시대를 살아갈 것이며 머지않아 아무도 이해하지 못하는 감정 식물인간이 될 수도 있습니다. 그로부터 문명의 종말이 시작된다는 것이 부족한 저의 생각입니다. 서로를 이해하지 못하는 인간 사회는 동물 사회보다 더 야만적일 수밖에 없습니다.

우리는 해서는 안 되는 일을 저지르며 이웃을 등지고 앞의 상대를 놓아버리는 일을 쉽게 하고 있습니다. 이해심의 빈곤 시대는 사회적 충돌을 생산합니다. 포용이 없이 적대적이고 대립만 일삼는 오늘의 현상은 우리가 모두 감정 충돌 시대에 놓여 있다는 사실을 증명합니다. 누구나 피해자가 되고 가해자가 되는 불운한 사태는 모두 이해심의 상실에서 제기된 것입니다. 그래서 상대를 이해하는 일은 그만큼 중요합니다. 내가 이해심이 부족하게 살아가는 동안 자신을 스쳐 가는 많은 사람이 상처를 받고 있습니다.

본인은 전혀 그렇게 생각하지 않고 있는데, 어느 날 얘기를 들어 보면 모르는 사이에 자기의 부주의로 인해 상대가 큰 상처를 받고 있었다는 사실을 알곤 합니다. 그만큼 상대의 입장에서 생각하는 기회를 갖지 못했기 때문에 일어나고 있는 현상입니다.

상대를 이해한다는 일은 결국 내가 생각하는 것 내가 소중하게 생각하는 것처럼 상대를 배려해야 하는 일입니다. 세대 간의 갈등, 지역 간의 갈등, 이념의 갈등, 학력 차이의 갈등, 성차별의 갈등, 사제지간의 갈등, 동료 간의 갈등, 정치 집단의 갈등 이런 모든 갈등의 원인이 이해의 빈곤 시대를 살아가면서 생겨난 일들입니다. 갈등은 새로운 갈등을 양산하는 지속성이 있습니다.

인간을 이해하는 기술이
희망입니다

사회가 메마르다고 합니다. 이웃 간에 정은 없고 서로를 이해하기보다는 상대를 업신여기고 으르렁거리는 일에 집착하는 사람들로 넘쳐나고 있습니다.

세상의 많은 사건이 오해로 불거지고 이해 부족으로 발생하고 있습니다. 상대가 나와 생각만 달라도 핏대를 세우고 다투는 일을 주저하지 않습니다. 곰곰이 생각하는 순간, 조금만 이해하면 되는 일들이 큰 화를 부르는 경우가 적지 않습니다. 이처럼 아주 단순하고 명쾌한 사실을 누구나 알고 있으면서 이러한 현상이 변화되지 않으면 사회성이 추락하고 추후 몰고 올 불우한 시대의 앞날을 예측하고 진단하기를 기피하고 있습니다.

지독하게 고독하고 외로운 시대로 변화되어 가는 지금 그 현상을 진단해 보면 각자가 사회와 이웃으로부터 희망을 전달받지 못하고 있기 때문이라는 결론에 도달합니다. 우리 사회는 점점 더 상대를 이해하지 못하는 이기적인 사회로 빠르게 진화를 하고 있습니다. 이대로 가다간 이웃으로 살아가는 모든 사람에게 우리 자신은 더 이상 희망으로 존재하지 못할지도 모릅니다.

우리가 서로에게 희망이 되어 주지 못할 때 사회성은 사라지고 기대고 위로받는 일들은 서서히 사라지고 말 것입니다. 그만큼 외로운 일들이 많아질 것입니다. 수없이 많은 사람이 새로운 인연을 찾아 나서는 것은 다른 새로운 사람들에게 자신이 올바른 평가를 받고 더 많은 이해를 받기 위함입니다. 그만큼 우리는 각자가 이해심에 메말라 있으며 이해를 구하고 있습니다. 계속해서 사회는 어두워져 가고 있고 각종 사건으로 도배되고 있습니다. 우리는 다시 서로에게 희망이 되고 기댈 수 있는 따스한 어깨가 되어 이웃으로 존재해야 합니다.

이해가 부족한 사회는 다른 것을 수용하지 못합니다. 조화롭게 벗기보다는 대립하고 적대시합니다. 깊은 이해심은 조용하고 넉넉한 사회를 열어가는 교량이 되어 줍니다. 이해받기를 좋아하면서도 상대를 이해해 주는 기술이 부족한 사회는 배려가 없습니다. 사람이 희망인 세상은 서로 간에 이해를 많이 해 주는 사회입니다. 사람을 이해하는 마음은 사회성의 기초입니다. 이제라도 사람을 이해하는 기술이 희망의 주제가 되는 사회로 변화를 해야 합니다. 인정 넘치는 사회는 상대를 이해하는 기술이 발달되어 있는 사회입니다. 상대적 박탈감이 큰 세상을 인정 넘치는 사회로 만들어 가려면 무엇보다 이해심이 필요하며, 이러한 가치가 관계성의 기본이 되어야 할 것입니다. 사람이 희망이라는 노래가 있습니다.

사람은 물질의 소유 속에서 행복하다기보다 바로 곁에 있는 사람과의 원만한 관계 속에서 행복이 성취됩니다. 나를 이해해 주는 누군가가 곁에 있는 일은 많은 물질을 가진 것보다 더 큰 생의 위안이 됩니다. 이제부터라도 잠시 잊고 지낸 상대를 이해하고 격려하는 시간을 가져야 합니다. 희망의 대상이 물질로 정해지고 나면 그때는 자신의 진정한 가치는 무너져 내리고 맙니다.

성공에 도달하지 못하는 것이…

성공에 도달하지 못한 것이 부끄러운 게 아니라 실패를 어떻게 교훈 삼고 살아왔는가가 부끄러움의 기준이 됩니다. 자본의 논리로 지배받는 세상에서 많이 갖고 적게 갖는 것이 성공의 잣대가 되는 것은 어찌 보면 세상의 인심입니다.

그깟 물질이 뭐길래 과정은 하나도 중요한 가치로 인정되지 않고 갖고 없는 것의 차이를 성공의 기준으로 삼는 것인지 그 사나운 인심을 탓해 보지만 물질 만능 주의가 되었으니 생각도 세태를 따라갈 수밖에 없습니다.

세상이 이러하니 물질을 많이 갖는 데 성공한 사람은 사회로부터 칭송을 받거나 고개를 바짝 들고 살아갑니다. 반면, 열심히 살았지만 가진 것이 쥐꼬리만 하면 고개를 들지 못하고 부끄럽게 생각하고 살아가는 사람들이 적지 않습니다.

그런데 요거 국제 재판소에 올려놓고 심리를 받아야 하는 못난 생각입니다. 가진 게 없는 것이 무슨 도둑질을 하다 그리된 것도 아니고 왜들 그렇게 죄인처럼 고개 숙이고 사는 것인지 모르겠습니다. 아무래도 이상한 도술이 세상 사람들의 마음을 홀려 놓지 않았나 싶은 생각이 듭니다. 세상 운을 다스리는 하나님이 얼굴에 오줌 한번 갈기면 운수가 대통하여 저절로 잘되는 사람도 부지기수인 것을 보면 너무 결과에 따라 고개 숙이고 바짝 드는 일은 할 필요가 없다는 생각입니다.

성공은 누구나 가질 수 있도록 설계되어 있지를 않습니다. 안되는 사람은 성공한 사람보다 더 많이 심열을 기우려 해도 안됩니다. 야속하지만 이것이 성공의 법칙입니다. 기회는 공평하게 오지만 성공을 열망하는 모두가 성공할 수 없는 것이 사회 시스템입니다. 그런데 왜 실패한 사람들은 박수의 잔치에 초대되지를 않는 것인가! 그것은 승자만을 위한 잔치로 변해 버린 사회의 기형적인 현상이기도 하지만 실패를 스스로 부끄럽게 생각하기 때문입니다.

실패는 절대 부끄러운 흔적이 아닙니다. 그것은 그 개인 인생의 커다란 상처이면서 또 다른 도약을 향한 장엄한 기록입니다. 시간의 끝이. 끝이 아니라 꿈의 좌절과 마침이 끝입니다. 더 이상 꿈을 꾸지 않을 때 인생은 종결이 됩니다.

꿈을 상실한 사람의 인생은 남겨진 시간이 아무런 가치를 지니지 않습니다. 살아 있는 동안에 꿈을 꾸는 사람에게는 언제나 시작이 있기 때문입니다. 성공한 사람들은 모두가 실패를 교훈으로 삼아 나간 사람들입니다. 여기서 주목해야 할 것은 자신의 실패를 교훈 삼은 사람은 어느 정도 성공의 반열에 들어선다는 사실입니다.

성공은 확률 게임입니다. 승률을 높이는 것은 어디까지나 실패라는 교훈입니다. 만약 지금 그대와 내가 실패를 한 이유가 그전 시간이나 또는 현재의 어느 시간에 벌어진 실패를 교훈 삼지 않았다면. 우리는 실패한 사실과 성공을 하지 못한 이유에 대해 매우 부끄럽게 느껴야 하며, 이러한 결론 또한 우리 자신이 간직해야 할 명백한 교훈으로 삼아야 합니다.

실패라는 지식을 배우지 않고 도달한 성공은 없습니다. 그런데도 성공을 하지 못한 사실만 가지고 부끄러움을 느끼고 있다면, 그대는 두 번 실패를 한 것이나 마찬가지이며, 새롭게 도전하기 위해 벌이는 어떠한 계획조차 영광의 터널을 통과하는 수단이 되지 않습니다.

그대가 지난 시간의 실패를 교훈 삼아 달려왔으나, 그 성공이 사회 기준에 미달하였을지라도 부끄러워하는 것은 다른 의미의 부정적인 결과를 가져다줍니다. 최선은 성공의 어머니입니다. 최선의 노력은 성공 이전에 그이상의 가치를 지니고 있습니다.

주어진 조건과 시간 속에서 최선을 다해 달려왔다면 현재 가진 것이 많고 적고에 관계없이 그 자체가 영화로운 자취입니다.

저는 실패를 교훈으로 삼지 못했습니다. 실패를 교훈으로 삼아 연구하고 탐색하여 대안을 마련하기보다 모든 것을 자신감으로 채워 나가려고 했습니다. 그런 점에서 저의 도전은 한편 무모했습니다. 실패가 따랐음은 너무나도 당연한 귀결입니다. 제가 벌인 무수한 시도는 반은 성공이었고 반은 실패로 종결되었습니다.

지금에 와서 후회하는 것은 실패를 교훈으로 삼지 않은 일입니다. 그런

아픈 청춘이 ———

점에서 저의 실패는 뼈아프고 나의 실패는 가슴 아픕니다. 실패는 매우 부끄럽습니다.

저는 세상 누구보다 많은 도전을 해 왔습니다. 일 중독에 걸려서 정신적인 고통의 시간을 보낸 적이 한두 해가 아닙니다.

성실성과 노력을 논한다면 그 누구와 비교해도 부끄럽지 않습니다. 그만큼 주어진 일에 최선을 다해 왔습니다. 그런데도 아직 제가 성공의 자리에 도달하지 못하고 과정에 놓여 있는 것은 단 한 가지 실패를 교훈 삼지 않은 일입니다.

하지만 성공을 했느냐 하지 못했느냐에 대한 문제에 직면해서는 저는 부끄럽게 생각하고 있지를 않습니다. 저의 달리기는 다시 시작되고 있습니다.

삶이 정신적으로 또는 명예를 벗하여 영화롭기를 희망하면서 저는 오늘도 새벽길을 달리고 있습니다. 저는 이제 깨닫게 되었습니다. 모든 실패 속에는 성공을 실어 날라주는 교훈이 담겨 있다는 사실을 말입니다. 패배를 인정하는 패장은 자만에 빠진 승리자보다 더 경쟁력을 지니게 됩니다.

모든 살아가기의 여행은 지난 시간의 흔적을 뒤집어 놓고 살피는 것입니다. 이것이 한발 먼저 진보하기 위해 펼치는 생산적인 뒤돌아보기의 탐구 여행입니다.

실패를 교훈으로 삼아 나가는 데는 방법이 필요합니다. 우선, 실패가 어디서부터 왔는가를 연구하는 것입니다. 그다음 자신의 문제인지 환경의 문제인지를 분류합니다. 개인의 문제는 잘못된 습관이거나 한순간에 요행을 바라는 심리적 이상 상태에 문제가 있습니다.

또는 사회성의 결여와 재정 관리의 부실을 들 수 있고 미래 예측과 통계수치의 판단 미숙을 포함합니다. 다른 하나는 노력은 적으면서 결과가 크기 바라는 성과의 확장입니다. 창의력의 부족은 기업의 미래 성장 가치를 떨어뜨리고 지속적인 성장의 활로를 열어 가지 못합니다.

이런 모든 원인을 드러내 놓고 차트를 만들어 매일 거울을 보듯이 들여다보아야 합니다. 문제점의 통찰은 문제의 발생 근원을 차단하고 보안을 유지하는 대책을 사전에 준비하게 하여 불안한 환경 속을 걷게 하지 않습니다. 실패는 반복해서 하지 않을 때 가치가 있습니다. 실패는 분명 분석이 필요합니다.

성공이라는 것은 실패의 확률을 서서히 없애나가는 작업에 의해 도달하기 때문입니다. 환경의 문제는 국제 경제 환경의 변수를 말합니다. IMF 사태 때는 기업 대다수가 도산한 것이 사실입니다.

그러나 그중에 살아남은 기업이 적지 않다는 점에서 이 또한 준비 경영과 예측 경영을 통해 충분히 극복할 수 있는 대목입니다. 그렇다고 본다면 우리가 성공하느냐 실패를 하느냐는 모두 자신의 문제로 귀결이 됩니다. 경영의 운전 미숙 책임은 모두 그 자신의 몫이 된다는 말입니다.

아픈 청춘이 ──────

낙서

죽지 않기 위해 살아갑니다. 인간은 누구나 이처럼 낯설지 않은 과제를 안고 살아갑니다. 하나의 희망을 양육하면서 죽음은 견딜 만한 형벌이 됩니다. 진행해온 일들이 성공의 관문에 도달하는 시점이 되어 가는 순간 시련은 비로소 줄어들게 됩니다.

희망 키우기의 열정은 모두 자신에게 부과된 형벌을 낮게 하려는 몸부림의 결과입니다. 행복하기 위해 사는 것이라기보다 형벌을 줄이기 위해 노력하는 것이 삶의 바른 평결입니다. 이처럼 인생은 지루한 여행입니다.

고통의 해갈을 맛본 다음 우리는 행복의 관점에 이르게 됩니다. 옥중에 갇힌 죄수가 자유를 찾을 때 행복을 느끼는 것과 다르지 않습니다. 오늘 행복할 수 있는 일이 무엇인가 찾아 나서는 대중의 하이에나 습성이 각자 행복의 원형이 됩니다. 썩은 고기를 많이 찾아낸 하이에나는 더 많이 행복합니다.

오늘날의 인간이 행복한 것은 더 많은 것을 가진 자가 되었습니다. 그러므로 우리 인간은 문명 속의 하이에나입니다. 그러한 사냥을 하지 않고는 우리는 단 하루도 인간다운 삶을 살 수 없습니다. 인간이 이루어 놓은 결과는 모두 자연의 또 다른 모습일 뿐입니다. 생존의 문제는 이렇게 치열하고 자연적입니다.

먹지 않고 사는 인간은 없습니다. 자연 생태계가 그렇게 돌아가고 있습니다.

그 안에서 살아 있다는 사실만 가지고 우리는 행복을 선언할 수 없다는 얘기입니다. 바꾸어 말하면 삶은 지옥이 내린 훈장입니다. 잠시 얻는 것으로 우리의 지옥은 천당이 됩니다. 경쟁은 여기서부터 시작이 됩니다.

세상이 먹을 것으로 넘쳐나는 것 같지만 지구인이 함께 먹고 마시기에는 턱없이 부족합니다. 한쪽은 음식이 남아도는 문명 사회 속에 있고 다른 한쪽은 굶어 죽는 미개한 사회 속에 있습니다. 굶어 죽는 환경 속에 놓인 민족은 결국 경쟁에서 참패한 것입니다. 그 패배의 자리에서 굶어 죽지 않기 위해 경쟁의 바다로 들어섭니다.

모두가 승리할 수 없는 구조적인 모순은 모두가 함께 풍요를 누릴 수 없는 문제에 직면합니다. 너무 많이 먹어서 죽는 인류와 굶어 죽는 인류가 동시에 존재한다는 사실은 지구 역사의 오류입니다. 더불어 살아가는 인류애가 필요하다고는 하지만, 우리는 아직도 같은 인류가 굶어 죽어 가는 문제에 대해 아주 낯선 타자(他者)입니다.

이성적인 인간이라고 자위하며 문명의 가치를 높이고 지식 안에서 인간의 우월성을 자랑하지만, 결국 인간은 짐승입니다. 동족상잔의 혈투는 아

아픈 청춘이

직도 진행 중입니다.

다만 그 방법적인 측면에서 직접적인 타살을 피하고 있을 뿐입니다. 동물이 다른 종을 죽이는 것이나 인간이 다른 종을 경쟁에서 이겨 굶어 죽게 하는 것이나 다른 것은 없습니다. 더 많은 것을 가지기 위해 부를 축적하는 것은 모두 생존 전략입니다. 그러므로 인간의 문명은 위대하지 않습니다.

그것은 언제나 독식의 전형입니다. 우리는 서로 죽이는 것을 경쟁이라고 미화시키며 살아가고 있습니다. 이때 행복의 관점은 다른 답을 찾아 나설 수밖에 없습니다. 모든 문명은 아직도 원시적입니다.

우리의 행복은 고통의 형벌로부터 잠시 벗어나는 것뿐입니다. 자신보다 약한 종을 대상으로 생육, 약탈을 일삼는 동물이나 더 많이 갖기 위해 경쟁하여 남을 굶어 죽게 하는 것이나 절대 다르지 않습니다.

전자나 후자나 야만적인 것은 같습니다. 생존의 치열한 자기 구애로 인간의 삶은 시작이 됩니다. 우리는 나누면서 살아가는 것 같지만 절대 그러하지 않습니다. 그런 점에서 우리는 모두 하이에나입니다.

하루를 굶는 순간부터 인간의 삶은 고통의 감옥으로 갇히게 됩니다. 그러나 하루를 살아 내기 위해 기울이는 온갖 노력이 얼마나 가증스러우며 타인의 희생을 강요하고 있는지 알 수 있습니다. 당당한 승리는 전혀 당당하지 않습니다. 누군가의 희생을 발판 삼아 서 있다는 사실 때문입니다.

그래서 나눔은 절대적인 개인의 숙제로 남게 됩니다. 동물이 먹다 남은 음식을 땅에 묻는 것과 인간이 더 많은 재물을 감추고 사는 것은 동일합니다. 삶은 이렇게 치열한 여행입니다. 이 안에서 각자는 고독하지 않을 수 없습니다.

역동적인 경쟁의 물결로 들어서는 산 자들의 행렬은 음식을 찾아 나서는 사냥과 다름없습니다. 많은 진실이 문명과 역사라는 말로 포장이 되어 있을 뿐 우리는 매일매일 원시적이고 야만적인 삶을 살아가고 있습니다. 이 깊숙하고 냉엄한 비판은 인간의 가치성과 위선의 역사에 치를 떨게 합니다.

그리고 우리가 얼마나 가련하고 불쌍한 존재인지를 되새겨 보게 하는 것입니다. 인간의 과학이 아무리 발달할지라도 인류를 모두 살리는 데는 사용하지 않을 것입니다. 결국, 그 혜택을 누리는 것은 소수입니다.

한쪽은 암을 이기는 의학을 사용하고 있지만 다른 한쪽은 말라리아로 고생하고 있습니다. 한쪽은 수십조 원의 음식을 버리고 있지만 다른 한쪽은 버린 음식을 찾아서 살거나 굶어 가고 있습니다. 인류의 생존 방식은 이렇게 야만적입니다.

장점이 있는 사람이…

장점이 많은 사람이 더 많이 성공하는 일보다 단점을 극복하려고 노력하는 사람이 더 많이 성공합니다.

우리가 생각하는 성공의 가치 기준에 변화가 필요합니다. 성공한 대다수는 우리 같이 평범한 사람들에게는 선망의 대상이 됩니다. 그들의 행적 하나하나는 삶의 좋은 교훈으로 남아서 돌게 됩니다. 도대체 무슨 강점을 그토록 많이 가졌기에 하는 일마다 성공을 하는 것일까 궁금하기도 하고 닮고 싶은 욕망을 가지게 됩니다.

그러한 부류의 사람들이 남다른 기질이나 긍정적인 마인드를 가지고 있는 것은 부인할 수 없는 사실입니다. 그런데 그들에게는 특별한 모습 이외에 평범한 모든 사람이 가지고 있는 단점을 훌륭한 장점으로 승화시켰고, 그 변화의 노력이 성공에 이르게 했다는 사실을 알게 합니다. 이러한 사실은 단점이 많은 사람도 갈고 닦으면 성공할 수 있으며 아무리 장점이 많은 사람도 반드시 성공하는 것은 아니라는 결론에 도달하게 됩니다.

천성적으로 특별한 재능을 가진 사람은 일단 자신감이 지나치고 자신이 고쳐야 할 것은 고치려고 하지 않으며 무시하고 대수롭지 않게 지나치는 경향이 있습니다.

누군가 곁에서 자신의 부족한 구석을 고쳐 보려고 충고를 할라치면 노발대발하고 '내가 얼마나 능력이 많은 사람인데….'라며 남의 의견을 무시합니다. 그러다 보니 좋은 능력은 작은 단점에 가려 빛을 보지 못하게 만들어 버리는 실수를 범하게 되는 것입니다. 그런 일이 반복될수록 주변의 칭송은 언제 떠났는지 모르게 사라지고, 가까이 교제하며 머물던 사람들은 하나둘 떠나가게 됩니다.

여기서 우리가 알아야 할 것은 아무리 빛나는 능력을 갖춘 사람도 자신의 좋은 점을 스스로 갈고 닦지 않거나 단점을 고치려고 하지 않으면 절대 인생의 가치를 드높이는 데 사용되지 않는다는 사실입니다.

사람이 성공하는 데 기여하는 것은 뛰어난 장점보다 부족한 것을 돌아보고 개선하려는 노력의 자세입니다.

능력이 많은 사람이 단점을 고치려고 하지 않는 것은 장점이 많으면 단점을 덮고 성공적으로 살아갈 수 있을 것이라는 왜곡된 판단 때문입니다. 그러나 이는 잘못된 판단의 착시입니다. 갈고 닦지 않는 장점은 단점과 똑같습니다. 태어나면서부터 훌륭한 사고를 갖춘 사람은 거의 없습니다. 부족한 점을 스스로 판단하고 그것을 고쳐서 가장 빛나는 장점으로 승화시키는 가운데 많은 사람이 부러워하는 성공의 단계는 격상이 되는 것입니다.

사람은 학습을 통해 여러 상태의 모습으로 변화를 하게 되며 스스로 깨

아픈 청춘이

우치는 일을 게을리하지 않고 타인의 의견을 정중히 받아들이는 사람은 세상의 그 어떤 장점보다 가치 있고 뛰어난 장점을 갖추게 됩니다. 부족한 것을 채우려고 노력하는 것에서부터 자신의 내면에 힘이 생기게 되는 것입니다.

위기 속에서 돌파구를 찾아내는 방법은 그것을 구하거나 탈피하고자 하는 열의를 동반할 때 가능한 일인데 바로 이것이 단점을 이기려는 열망이며, 단점이 장점이 되어가는 과정입니다.

세상의 많은 위인은 장점이 많아서 성공한 사람들이 아니라 자신의 단점을 장점으로 승화시킨 결과입니다. 따라서 우리 자신이 가지고 단점에 대해 스스로 비교하거나 상대적인 박탈감에 빠져 지낼 필요가 없습니다.

많은 사람들이 단점을 고치지 않고 평생 가지고 살아갑니다. 사람들이 단점을 제때 고치지 못하는 것은 스스로 고치는 데 게으르거나 발견하는 지혜가 부족하며 타인이 지적하는 단점을 받아들이지 않기 때문입니다. 단점 대부분은 스스로 발견하기보다는 다른 사람들이 발견해 줍니다.

우리는 타인에 의해 단점이 드러난 사실을 매우 수치스럽게 생각하고 방어벽을 쌓게 됩니다. 그 순간 단점은 더 강해지고 장점은 상대적으로 가치가 떨어지게 됩니다. 단점을 장점으로 만드는 데는 다음과 같은 신념이 필요합니다.

첫째, 단점은 장점이 된다는 확신을 갖는다.
둘째, 세상에 단점을 가지지 않는 사람은 없다는 결론을 간직한다.

셋째, 타인이 단점을 지적할 수 있는 귀를 열어 놓는다.

넷째, 가감 없이 단점을 버리는 용기를 갖는다.

다섯째, 자기의 장점에 관대하고 단점에 대해서는 냉혹하라.

여섯째, 나의 단점이 장점을 추락시키는 복병이라는 사실에 주목한다.

일곱 번째, 자신의 장점을 더욱 갈고 닦는 기회를 많이 갖는다.

여덟 번째, 단점은 자신의 가치를 추락시키는 최대 요인이라는 사실을 되새긴다.

아홉 번째, 타인이 자신의 단점을 어떻게 극복했는지 연구하고 모범으로 삼는다.

열 번째, 지금 바로 단점을 장점으로 만들려는 계획을 세우고 실천한다.

단점은 자신의 장점을 갈아 먹는 세균이라 해도 무방합니다. 사람들이 실수를 많이 하고 실패를 많이 하는 것은 다른 사람에 비해 능력이 모자라기보다는 자신의 단점에 대해 관대하기 때문입니다. 부정적인 생각이 거미줄을 치고 나면 장점은 곧바로 단점의 먹이사슬로 전락하게 됩니다. 갈고 닦으면 장점이 될 수 있다는 점에서 모든 단점은 소중합니다. 저 또한 제 단점에 대해 관대하며 살아왔습니다.

그러나 결국은 자신에게 해가 되고 긍정적인 결과를 가져오지 않는다는 사실을 뒤늦게 깨닫게 되었습니다. 그리고 그러한 상태에서 소중한 인생의 시간이 자신의 진정한 발전을 이루지 못하고 얼마나 무의미하게 흘러가 버렸는지 알게 되었습니다.

이제 나는 나의 단점을 부끄럽게 생각하며 그것을 장점으로 만들기 위해 많은 노력을 하고 있습니다. 그런 노력 덕분인지 나의 인생은 많은 변화를 가져오고 있습니다. 물론, 아직도 저를 스스로 파악하지 못하는 단점을 많이 가지고 있다고 생각합니다. 하지만 중요한 것은 나의 단점을 고쳐야겠다고 느끼는 것이고, 실천에 옮기려고 노력한다는 사실에 희망을 품게 됩니다.

이제 나는 누군가 나의 단점을 지적하면 우선은 감사하게 생각합니다. 그리고 그러한 타인의 행위가 나를 발전시키는 따스한 배려이고, 좀 더 드높은 단계의 삶의 지형을 만들어 가는 지름길이라는 사실에 주목합니다.

단점을 지적받을 때 가장 중요한 것은 상대에게 웃어 주거나 흔쾌히 인정하는 것입니다. 그 순간 놀라운 변화가 일어나게 됩니다. 그러한 행위는 곧바로 단점을 지적하는 상대를 감동시키고 신뢰하도록 만들어 줍니다.

만약 '웃기는 소리 하지 마.'라고 하던가 '너나 잘하세요.'라고 응대를 하면 두 번 다시 단점을 지적하지 않을뿐더러, 자기가 가지고 있는 장점까지 신뢰하지 않거나 업신여기게 됩니다. 그야말로 전국적으로 손해 보는 일이 되는 것입니다.

나의 부족한 점을 지적해 주는 것은 상대가 내게 베푸는 최상의 서비스이며 지식 전달입니다. 자신의 부족한 점을 알게 해 주는 것이야말로 진정한 나의 발견이 되는 것입니다. 품위 있게 받아들이고 감사의 인사를 건네야 하는 것은 너무나도 당연한 일입니다.

그러나 예의 바르게 대하는 사람은 그리 많지 않습니다. 성내고 거품 물고 감정을 조절 못 하다가 스스로 제풀에 지쳐 나자빠지는 사람들이 많습니다.

한때는 저도 누군가가 단점을 지적하면 거품을 물고 뒤로 나자빠진 적이 있습니다. 그렇게 하고 보니 "에이, 이놈아! 너 그렇게 잘났으면 너나 잘 먹고 자손 대대 잘살아라."라고 말하고는 무슨 미친놈 만난 듯이 뒤돌아가 버리고는 두 번 다시는 보지 않으려고 했습니다. 물론 이 경우는 센스 있게 단점을 지적해 주지 않고 작정하고 비난하듯이 했기 때문이기도 하지만, 어찌 되었건 단점을 지적해 주는 행위는 나를 향한 무상의 서비스입니다.

이런 서비스를 밥 먹듯이 받는 삶을 살면 안 되지만 지적해 주는 사람이 있으면 즐겨 받고 고치면 됩니다.

상대와 내가
생각이 다르다는 것을…

상대와 내가 생각이 다르다는 것을 느끼는 순간이 상대의 생각이 같을 거라는 믿음을 갖고 살아가는 것보다 더욱 행복해질 수 있는 길을 찾아내 기가 쉽습니다. 지구상에는 같은 종은 많아도 같은 생각을 가진 사람은 한 사람도 없습니다. 같은 목표와 이념적인 신념 아래서 우리는 하나로 불리 고 하나로 살아가는 듯하지만, 그 또한 포장된 진실일 뿐입니다. 아무도 나 와 같은 생각을 가지고 살아갈 수 없습니다. 이러한 다름의 원칙은 생존의 명확한 답입니다.

그런데도 우리는 같은 생각을 가진 사람들과 어울려야 하며 아주 오래도 록 자신과 생각이 같도록 부추기고 설득하며 살아가고 있습니다. 소통이 엇갈리고 빗나가는 것은 바로 이러한 신념 때문입니다.

허상의 본질을 알면서도 같기를 희망하는 순간 인간은 지독한 외로움이 라는 복병과 마주치게 됩니다. 각자의 가슴속에 만연된 지식 체계와 습관 의 차이점은 우리가 공동체의 삶을 영위할 수 있는 합리적인 환경을 만들 어 가는 데 방해 요인으로 작용합니다. 우리는 혼자 살아가는 것보다 함께 살아가면서 더 많은 갈등과 고독을 느낄 때 있습니다. 기대는 것의 미학은 위로만을 주지 않습니다.

함정은 여기서부터 출발을 합니다. 더불어 살아가는 일이 힘겨운 것은 상대와 내가 다르다는 사실을 인정하는 일에 능숙하지 않기 때문입니다.

만약 우리와 마주하고 있는 사람들에 대해 다르다는 것을 인정하는 일을 부지런히 할 수 있다면 적어도 함께하면서 느끼는 좌절감과 갈등은 상당히 줄어들 수 있을 것입니다. 우리는 행복하기 위해 상대를 선택합니다.

그리고 그 상대가 자신과 같은 생각을 유지하기만 해 준다면 그로 인해 많이 행복할 것이라는 기대를 하게 됩니다. 물론 시간이 지나면 이와 같은 기대는 환상으로 돌변하게 됩니다. 우리가 사람들과 더불어 하나의 가정을 이루고 집단을 만들어 살아가는 것은 적어도 그 상대와 가치를 공유하거나 같은 생각 아래서 더 큰 행복을 찾아낼 수 있다는 기대를 하고 있기 때문입니다.

어느 순간은 혼자 살아가는 것보다 둘이 함께하는 것이 세상을 살아가는 데 보탬도 되고 힘이 되는 것은 사실입니다. 그런데도 왜 우리는 함께하는 것에서 싹트는 고독과 외로움과 갈등을 이겨 내지 못할까요! 그것은 끊임없이 상대와 내가 생각이 같기를 희망하기 때문입니다.

그러다 보니 자신이 행복할 수 있는 일도 상대가 행복할 수 있는 일도 찾아내지 못하는 누를 범하게 됩니다. 우리는 각자가 다르다는 생각을 하지 않는 한, 서로에게 행복을 주는 일에 서툴 수밖에 없습니다. 함께 하며 살아가는 모든 사람은 상대를 이해하거나 받아들이는 데 인색합니다.

이해심이 포용력이 있는
사회를 만듭니다

미운 사람은 아무리 좋은 일을 하고 예쁜 친절을 보여 주려고 안간힘을 써 봐야 좋은 점수를 주기 쉽지 않습니다. 자기가 미운 사람은 처음부터 각각 기표해 놓고 어떤 모습을 보여도 편견으로 대하기 때문이지요.

우리가 좋은 사람이라고 결론 내리는 사람이 따져 보면 정말 좋은 사람이 아니라 자기에게 맞는 사람일 경우가 허다합니다. 자기가 좋은 사람이면 좋은 사람이지요. 자기만 좋으면 조금 부족하고 밉살스럽게 느껴지는 상황에서 쉽게 이해하고 넘어가게 됩니다.

이건 이해심이라기보다 감정에 충실한 것이지요. 그냥 예쁘게 봐 주는 것뿐. 이게 이해심이라는 건데 사랑하거나 좋아하거나 할 때 생기는 착각 반응이에요.

좋아하는 사람들이 싫어지면 철천지원수 대하듯 하고 이해하던 일이 밉상으로 다가옵니다. 그럼 왜 좋은 사이가 하루아침에 원수로 변하고 예쁘게 이해하고 넘어간 일이 어렵게 될까요? 그건 우리가 상대를 이해하는 기준이 개인감정에서 비롯되고 상대에게 뭔가를 기대하고 있다는 증거예요. 기대하고 사랑한 만큼 상대를 미워하게 되는 이유입니다. 이건 폭넓은 이해심이 아니에요.

우리는 자신에게 맞는 사람과 자기가 좋은 사람을 골라서 만나는 일에 열중합니다. 그러다 보니 정작 좋은 사람은 만나기 힘이 들고 만나면서 상처를 받곤 하지요. 물론 자기가 좋아야 모든 것이 좋은 것이고 만남을 가져도 신나는 일이 많이 생기는 것이니 뭐라 할 건 아니지요.

근데 세상 모든 음식이 다 자기 입맛에 맞지 않은 것처럼 사람이 그래요.

상대를 자주 칭찬하는 것도
이해의 기술입니다

상대를 기분 좋게 하는 것만큼 좋은 이해에 기술은 없습니다. 같은 종끼리 서로 기분을 좋게 해 주는 기술을 습득하는 방안은 모자란 현대인입니다.

인간이 인간을 이해하는 기술이 부족하다는 사실은 얼마나 우리 인간이 이기적인 동물이며 서로 이해하고 위로를 주는 관계를 만들어 간다는 것 또한 얼마나 힘든 일인지 살피게 됩니다. 그만큼 우리는 서로를 바라보는 삶을 살아가지 못하고 있습니다. 시간이 되면 나왔다가 해가 떨어지면 집을 귀가하는 일과를 매일매일 반복해야 합니다.

칭찬은 이해심이 없이는 나오지 않습니다. 일부로 골탕을 먹이기 위해 좋은 말을 건네지는 않습니다. 상대로 인해 내가 기분이 좋아지거나 내가 상대에게 기분을 좋게 하고자 하는 마음이 있어야 상대를 칭찬하게 되지요. 좋은 말을 주고받는 사이는 좋은 관계가 됩니다.

칭찬은 상대가 나를 긍정적인 신호를 보내도록 변화를 가져다줍니다. 내가 상대를 칭찬하면 상대는 나에 대해 좋은 이미지를 갖고 긍정적인 말이

나 호감 어린 표정으로 응시를 하게 되지요. 칭찬은 서로를 기쁘게 하는 작용을 합니다. 상대에게 자신을 이해하고 있다는 믿음을 주는 일은 곧 상대가 나를 이해하는 기준이 됩니다. 남을 칭찬하는 일에 인색한 사람은 그 자신이 주변으로부터 칭찬을 받고 살지 못합니다. 칭찬은 상호이해를 높이는 작용을 합니다.

반드시 칭찬을 받을 만한 일을 했을 때 하는 것은 아닙니다. 만족스럽지는 않아도 근사치에 머물면 당연히 칭찬이 나와야 합니다. 시험 답안지의 점수를 먹이듯이 딱 떨어지게 결과가 도달해야 칭찬을 한다면 세상에는 칭찬을 받을 자격이 있는 사람은 흔치 않을 것입니다. 오히려 조금은 부족하고 다 채워지지 않을 때 칭찬이 필요합니다. 칭찬은 상대에게 보내는 긍정과 이해해 메시지입니다.

칭찬을 많이 받는 사람들을 보면 긍정적으로 인생을 살아가는 것을 볼 수 있습니다. 나는 무엇이든 할 수 있다는 자신감으로 넘치는 사람들은 언제나 칭찬을 받거나 받고 있는 사람들입니다. 이와 달리 칭찬을 받지 않는 사람들은 매사에 부정적인 태도를 보입니다. 결국, 아무것도 할 수 없다는 비관을 하게 되지요. 사람들이 칭찬에 인색한 것은 결국 상대를 이해하는 일에 미숙하거나 이해를 받고 살지 않기 때문입니다.

음식점에 가서 친절한 서비스를 받고 나면 기분이 좋아집니다. 관계를 갖는 사람에게도 상호 서비스가 필요합니다. 서로를 기분 좋게 하는 일들은 얼마든지 있습니다. 못난 사람이 잘난 사람이 되고 잘난 사람이 더 잘난 사람으로 보입니다. 내 기준을 버리며 상대를 이해 할 때 관계성에서 희망이 건져집니다. 누구나 피해 의식이 있고 칭찬받고 싶어 한다는 사실을 염두에 두어야 합니다. 이런 상호 공감은 이해심을 깊이 합니다. 즐거운 물놀이는 깊은 물에서 하는 것이 아니라 얕은 냇가에서 하는 것입니다. 단순하고 가벼운 것에서 우리는 충분히 서로를 기쁘게 할 수 있습니다.

아픈 청춘이 희망이다

1판 1쇄 발행 2022년 5월 27일

지은이 이찬석

교정 윤혜원 편집 유별리
마케팅 박가영 총괄 신선미

펴낸곳 하움출판사 펴낸이 문현광

이메일 haum1000@naver.com 홈페이지 haum.kr
블로그 blog.naver.com/haum1007 인스타 @haum1007

ISBN 979-11-6440-177-2 (03190)

좋은 책을 만들겠습니다.
하움출판사는 독자 여러분의 의견에 항상 귀 기울이고 있습니다.
파본은 구입처에서 교환해 드립니다.